Die 25 schönsten Bastelideen mit Holz

Text und Idee von Beat Rüst
Fotos von Beat Märki
Illustrationen von Franz Halder

Wir Eltern Spezial 2

Werkzeug

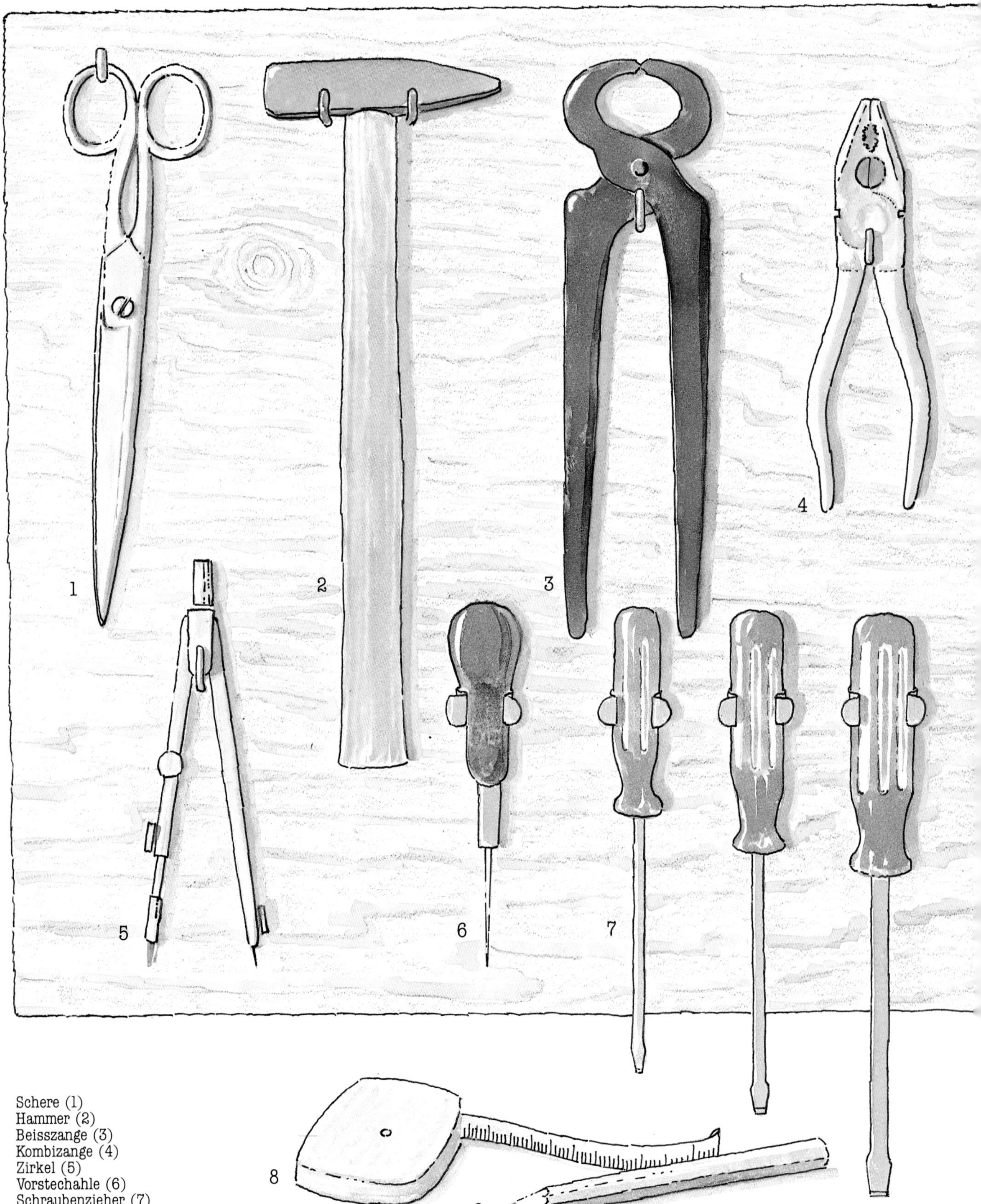

Schere (1)
Hammer (2)
Beisszange (3)
Kombizange (4)
Zirkel (5)
Vorstechahle (6)
Schraubenzieher (7)
Rollmeter (8)
Bleistift (9)

Inhaltsverzeichnis

Welches Werkzeug wird gebraucht? 6

Die Einrichtung des Arbeitsplatzes 7

Tips zum Nageln 8

Tischfussballspiel 9

Tips zum Schrauben 10

Flipperkasten 11

Tips zum Bohren 12

Solitär und Belagerungsspiel 13

Tips zum Laubsägen 14

Puzzle 15

Tips zum Sägen 16

Domino 17

Tips zum Leimen 18

Holzschachtel 19

Tips zum Schleifen 20

Geschenkideen 21

Tips zum Malen, Beizen und Lackieren 22

Vogelbaum 23

Knobelwürfel 24

Pentomino 25

Klammerfisch 26

Ringwurfspiel 27

Labyrinth 28

Balsaschlange 30

Stabturner 32

Hampelmann 34

Seiltänzer 36

Seilbahn 38

Kletterding 40

Tischbillard 42

Intarsien 44

Marionette 46

Windrad 48

Holzhacker 50

Seifenkiste 54

So wird der Knobelwürfel zusammengesetzt 60

Spielanleitungen 61

Welches Werkzeug wird gebraucht?

Jede Werkidee in diesem Heft ist mit Symbolen gekennzeichnet, welche auf das benötigte Werkzeug hinweisen. Die Erklärungen dazu finden Sie auf dieser Seite.

Zeichnungsmaterial und Malutensilien: Bleistift, Radiergummi, Zirkel, Massstab und Rollmeter genügen als Zeichnungsmaterial. Um eine Vorl aus dem Heft herauszukopieren, legt man am besten ein dünnes, weiss Skizzenpapier auf die entsprechende Seite, zeichnet das Objekt nach ur überträgt es dann mit einem Kohlepapier auf das Holzbrett. Um eine Fi seitenverkehrt abzuzeichnen, braucht man vor dem Durchpausen nur d Skizzenpapier seitenverkehrt auf das Kohlepapier zu legen.
Zum Malen verwenden wir Bauernmalerei- oder Wasserfarben und wasserfeste Filzstifte, dazu Beizen, Lack und entsprechende Reiniger (siehe S. 22).
Natürlich gehören auch verschiedene Pinsel, leere Gläser und Lappen d

In die Werkzeugkiste gehören Hammer, Beisszange, Kombizange, Ahle, schiedene Schraubenzieher (Nr. 2–5) und verschiedenes Schleifpapier (auch zur Herstellung von Feilen, siehe S. 20). Dazu gehört eine Scher und ein scharfes Messer (Cutter).
Wichtig sind auch vier bis sechs Schraubzwingen, die sich ca. 15 cm öf lassen. Für die Seifenkiste (S. 54 ff) braucht es zusätzlich einen Gabel schlüssel (Nr. 8).

Das Laubsägeset enthält ausser der Säge ein Tischchen mit Klammer und einen Drillbohrer. Verschiedene Sägeblättchen müssen dazugekauf werden.

Ein Fuchsschwanz mit Gehrungsschneidlade erleichtert das Ablängen Leisten (siehe S. 16). Frei geführt kann der Fuchsschwanz für alle ger Schnitte in dickerem Holz eingesetzt werden.

Eine Stichsäge (als elektrische Maschine oder als schmaler Fuchssch ist eigentlich nur für das Abrunden des Spielbretts beim Flipperkasten (S. 11) und für die Seifenkiste (S. 54 ff) nötig.

Eine Handbohrmaschine genügt für alle hier beschriebenen Arbeiten. Natürlich leistet eine elektrische Bohrmaschine, evtl. sogar mit einem Bohrständer, gute Dienste.
Dazu gehört eine Schachtel Spiralbohrer, evtl. auch die gebräuchlichst Zentrierbohrer (4, 5, 6 mm, siehe S. 12). Einige Forstnerbohrer (10, 1 20 mm) leisten ebenfalls gute Dienste (auch dazu mehr auf S. 12).

Die Einrichtung des Arbeitsplatzes

Der ideale Arbeitsort ist sicher ein Bastelraum oder eine Kellerecke, die speziell fürs Werken reserviert und eingerichtet ist. Aber keine Angst: Was wir hier beschreiben, lässt sich auch in der Küche oder auf dem Balkon bewerkstelligen.

Der Tisch wird zum Schutz am besten mit einer Spanplatte abgedeckt. Diese sollte ca. 10–15 mm dick und in der Länge und Breite je 10 cm grösser als der Tisch sein. An allen Ecken werden kurze Lattenstücke angeschraubt, damit die Spanplatte nicht verrutscht. An ihr kann zum Beispiel ein Laubsägetischchen gut befestigt werden. Bei Nichtgebrauch lässt sich die Platte hinter einem Schrank versorgen.

Als Ablage, um geleimte, bemalte oder lakkierte Gegenstände trocknen zu lassen, dient ein Tablar eines Büchergestells oder ein Platz auf einem Schrank. Der ganze Tisch sollte immer als Arbeitsfläche zur Verfügung stehen und nicht als Ablagefläche benutzt werden.

Ein Schrankabteil für die Werkzeugkiste, Gläser, Pinsel und Rohmaterial sollte zur Verfügung stehen. Notfalls genügen dafür auch eine oder zwei Pultschubladen.

Die Beleuchtung: Zusätzlich zur Deckenlampe ist eine verstellbare Pultlampe zu empfehlen. Sie kann immer so eingestellt werden, dass das Licht die Arbeitsfläche gut ausleuchtet ohne zu blenden. Deckenlampen haben nämlich oft den Nachteil, dass sie hinter dem Bastler montiert sind, sodass die Werkbank im Schatten liegt.

Tips zum Nageln

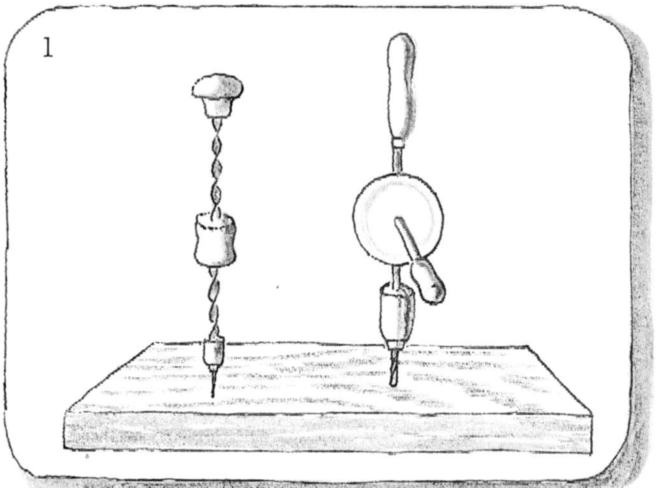

Mit dem Drill- oder Handbohrer werden die Löcher vorgebohrt.

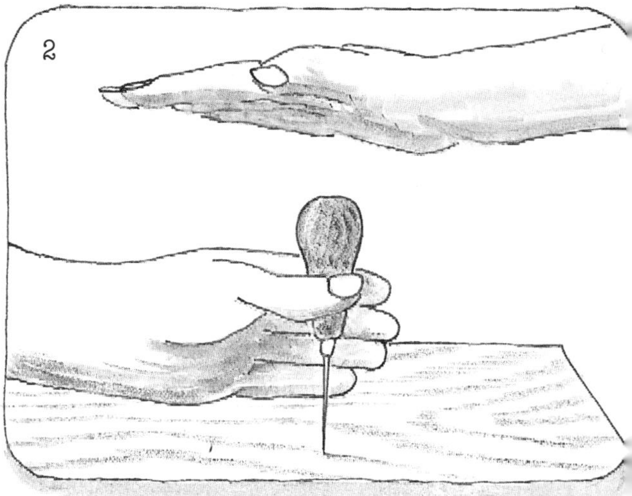

Beim Vorstechen mit der Ahle genügt ein Schlag mit der flachen Hand.

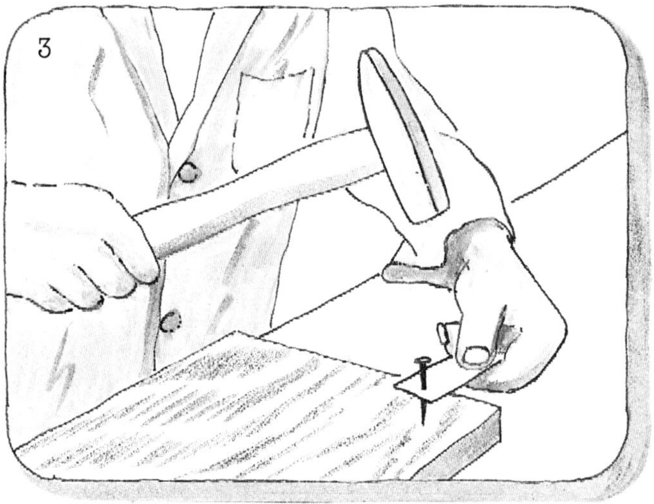

Um sich nicht auf die Finger zu klopfen, hält man den Nagel mit einem Karton...

...oder mit einem Klebstreifen...

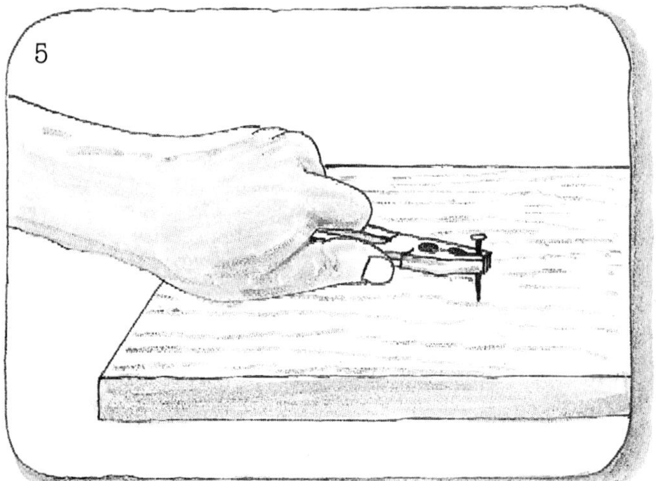

...oder mit einer Spitzzange fest.

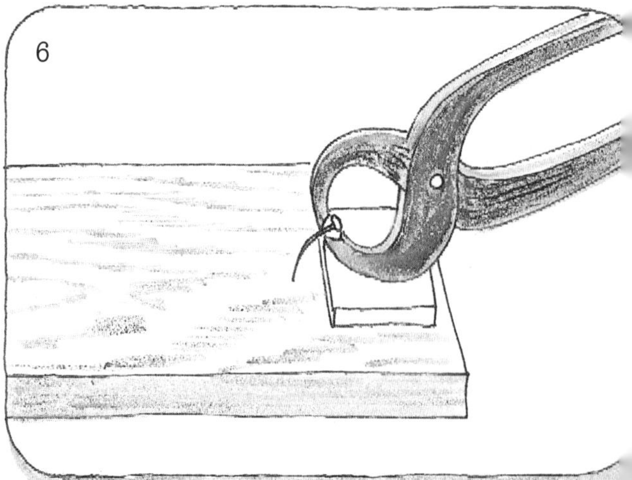

Beim Ausreissen krummer Nägel wird zum Schutz des Werkstücks ein Abfallholz untergelegt.

Tischfussballspiel

Das erste Produkt unserer Naglerei: Ein Tischfussballspiel für die Kleinen.

Material:
- 1 Brett, 15–20 mm dick, 15 x 20 cm
- ca. 40 Nägel (20 mm)
- 60 cm elastisches Band
- 1 hölzerne Wäscheklammer
- 1 Kugel (⌀ 3–4 mm)
- elektrischer Draht (Resten)
- Farbe, Lack

Werkzeug

Nageln lernen – so, dass dabei auch etwas herausschaut: Das Tischfussballspiel ist einfach zu bauen und lädt anschliessend zu vielen Cups und Meisterschaften ein. Auch bei Schnee und Regen!

Aufzeichnen: Wir zeichnen die Grösse des Brettes auf ein Häuschenpapier. Das Blatt wird gefaltet, sodass zwei Feldhälften entstehen. Nun werden die elf Fussballspieler der einen Mannschaft eingezeichnet und durch Falten des Blattes und Durchdrücken auf die andere Seite übertragen. Am Rand entsteht die Feldabgrenzung mit dem Tor. Dieser Spielplan wird mit Klebestreifen auf das Brett fixiert.

Vorbohren oder mit der Ahle vorstechen kann man direkt durch den Spielplan. Anschliessend wird er entfernt.

Bemalen: Das Spielbrett wird gebeizt oder bemalt und lackiert. Alle Linien werden mit wasserfestem Filzstift über den getrockneten Lack gezogen.

Die Spieler: Von alten Drähten lösen wir gleich lange Isolationsstücke (ca. 10 mm) ab und stülpen diese als Clubleibchen über die Spieler (Nägel) und auch über die Pfosten. Jede Mannschaft erhält eine eigene Farbe!

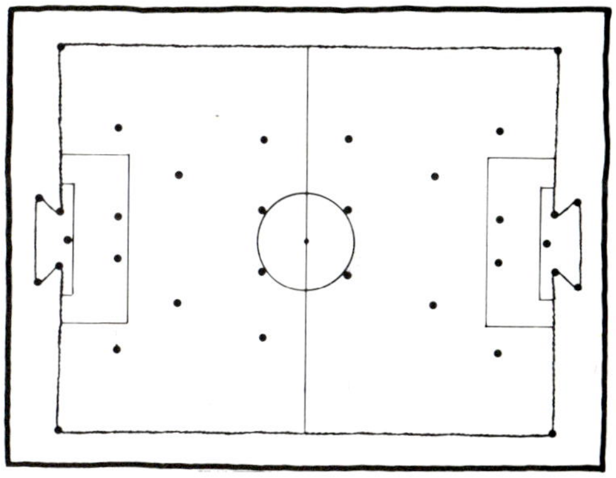

Nageln: Anschliessend werden alle Nägel sorgfältig bis zum Rand der Plastikisolation eingeschlagen.

Das elastische Band wird an den Enden zusammengenäht und wie auf dem Bild als Feldrand montiert.

Spielanleitung: Gespielt wird mit einem kleinen Kügelchen. Der erste Spieler versucht von der Feldmitte aus, den Ball mit einem einzigen Schuss mit der halbierten Wäscheklammer ins gegnerische Tor zu schiessen. Gelingt ihm das nicht, schiesst der Gegner von dort aus, wo der Ball stehengeblieben ist. So geht es abwechslungsweise, bis einer ein Tor geschossen hat.
Kleine Fussballer dürfen zwei oder drei Mal hintereinander schiessen.

Tips zum Schrauben

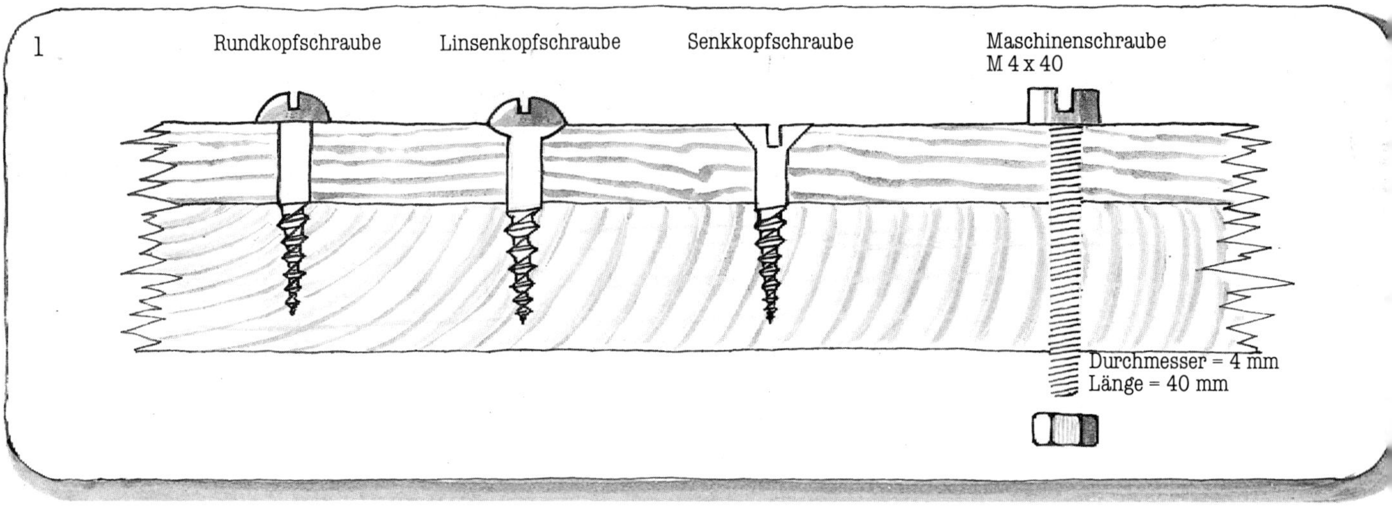

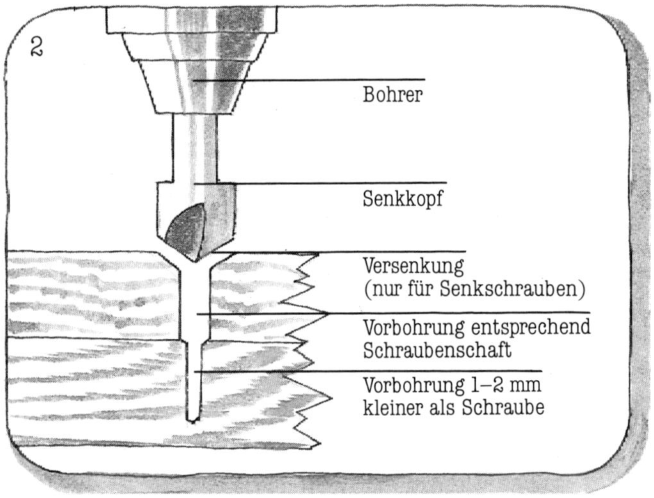

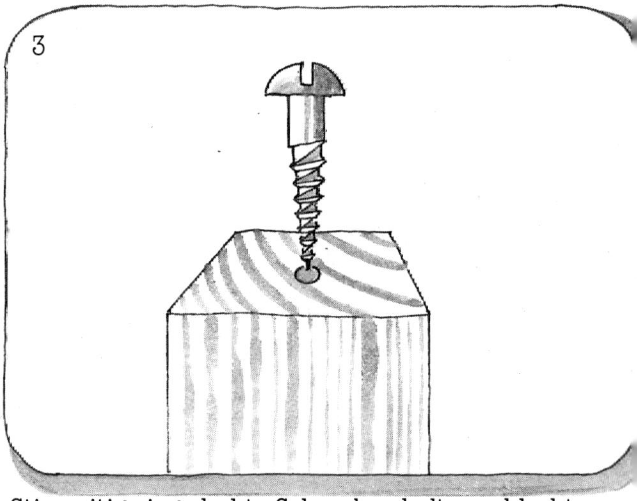

Stirnseitig eingedrehte Schrauben halten schlecht.
Also: Längere Schrauben, kleiner vorbohren!

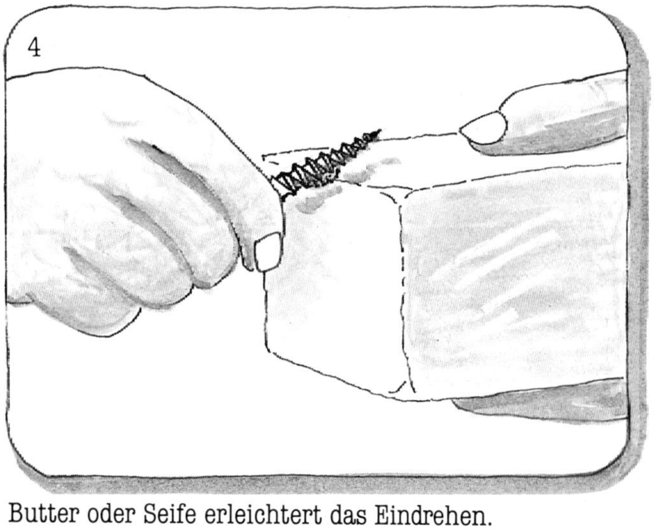

Butter oder Seife erleichtert das Eindrehen.

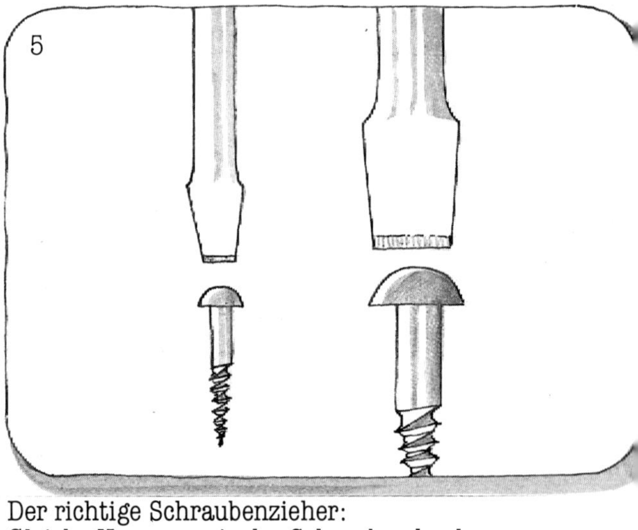

Der richtige Schraubenzieher:
Gleiche Nummer wie der Schraubendurchmesser.

Flipperkasten

Solid bauen und
osiert schiessen!»
eisst die Devise
ir dieses Spiel.

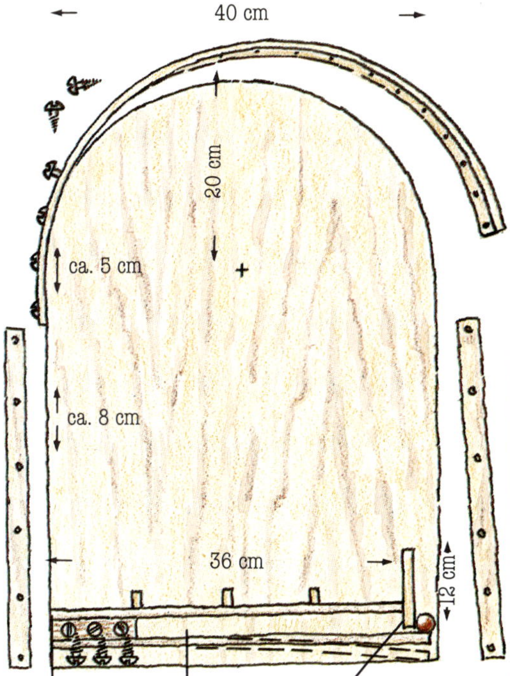

Material:
- Tischlerplatte oder Sperrholz 15 mm dick, 40 x 60 cm
- Sperrholz, 3 mm dick, 9 x 70 cm (quergefasert)
- 1 m Tannenleiste, 10 x 15 mm
- ca. 100 Rundkopfschrauben, 3 x 25 mm
- einige Glas- oder Metallkugeln
- Leim

Werkzeug

Schrauben halten bekanntlich besser als Nägel. Für den Spielfeldrand und die Befestigung der Abschussfeder sind sie sogar unersetzlich! Gemeinsam wird Euch der Bau dieses Flipperkastens sicher gelingen.

Das Spielbrett wird gemäss obenstehender Skizze mit der Stichsäge halbrund abgesägt. Aus einem Rest wird ein Stück von 3 x 7 cm ausgesägt für die Befestigung der «Feder».

Die Feder (Tannenleiste, 39,5 cm lang) wird gemäss Skizze an ihre Befestigung, diese auf das Spielbrett geschraubt.

Die Zieleinteilung entsteht aus dem Rest der Tannenleiste und wird ohne Schrauben auf das Spielbrett geleimt.

Die Spielfeldschrauben werden aufgezeichnet und die Löcher mit 2 mm ca. 10 mm tief vorgebohrt. Nun werden alle Schrauben eingedreht.

Der Rand des Spielbretts: Das Sperrholzbrett wird längs in drei Streifen aufgesägt. Da die Faserung zweier Sperrholzschichten quer und nur eine längs verläuft, lässt sich der mittlere Streifen später gut an die Rundung des Spielbretts anschmiegen. Vor dem Bohren sind die drei Randleisten anzupassen und entsprechend abzulängen.
Ca. 8 mm vom unteren Leistenrand entfernt werden gemäss Skizze Löcher vorgebohrt (3 mm). Nun wird mit dem 2-mm-Bohrer im Bodenbrett ein Loch nach dem anderen vorgebohrt und sodann die Leiste verschraubt.

Zum Spielen müssen beim oberen Spielfeldrand Abfallstücke unter das Brett geschraubt oder Bücher unterlegt werden, damit die Kugel zurückrollt.
Der Daumen der rechten Hand stemmt gegen das Spielbrett, während Zeige- und Mittelfinger die Feder spannen und losschnellen lassen. Wer seine Schüsse gut dosiert, holt am meisten Punkte!

Tips zum Bohren

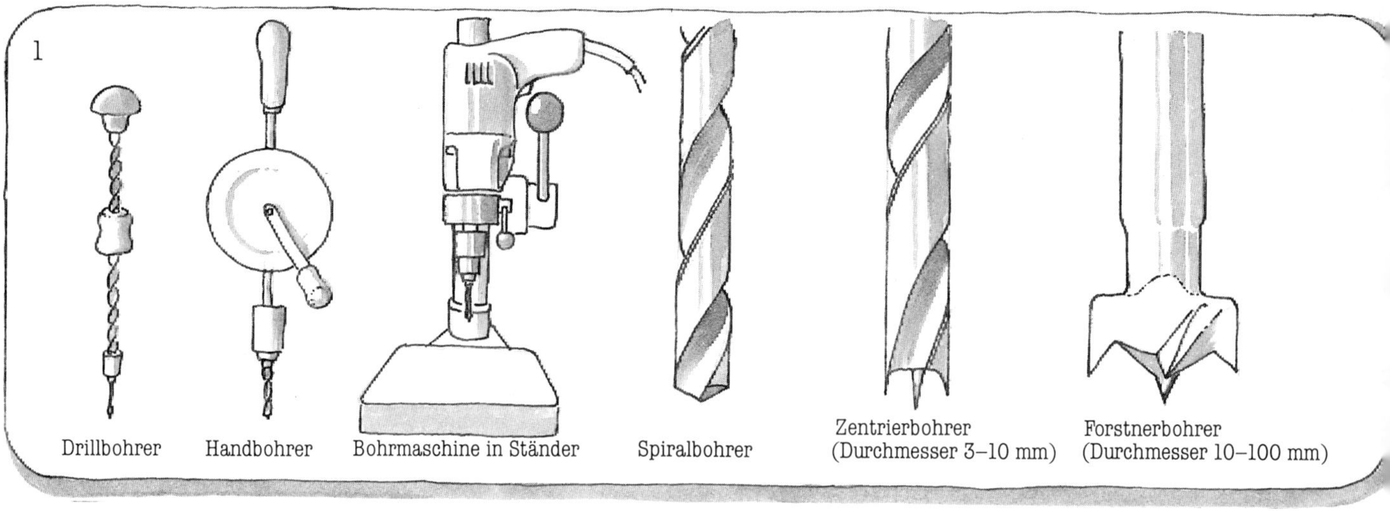

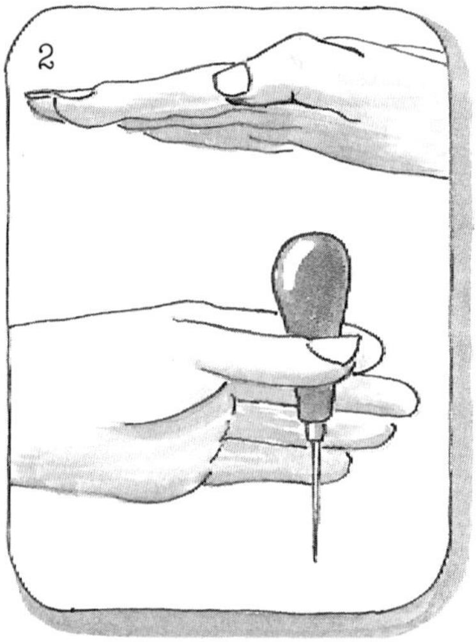

Damit das Loch am richtigen Ort sitzt: Vorstechen mit der Ahle.

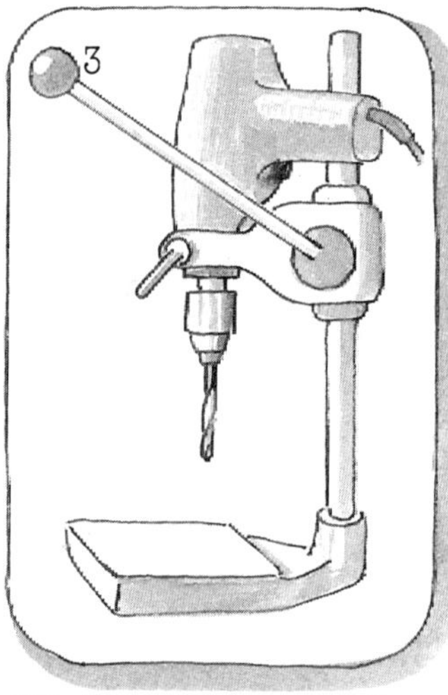

Mit dem Ständer wird die Bohrung garantiert senkrecht

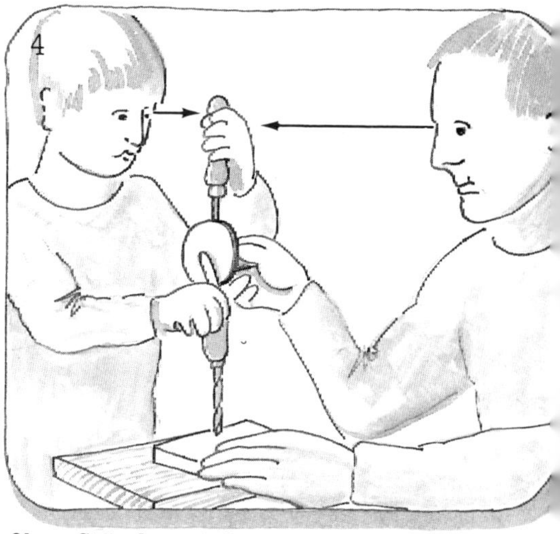

Ohne Ständer wird zu zweit übers Eck kontrolliert, damit die Bohrung senkrecht wi

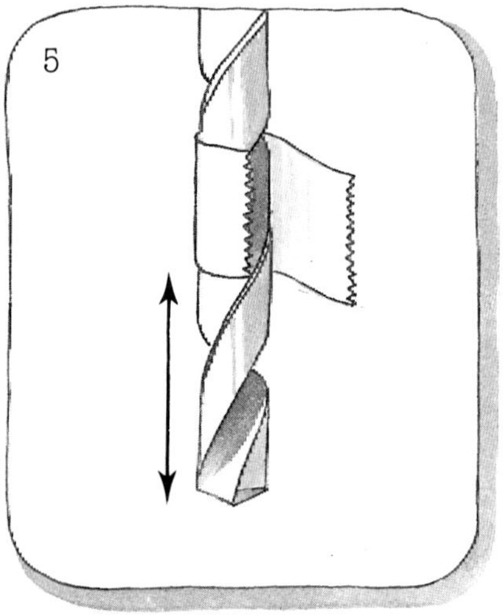

Ein Klebband zeigt die geforderte Bohrtiefe an.

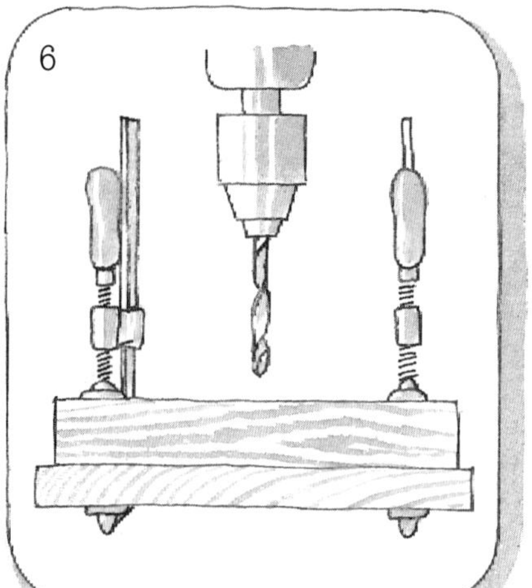

Gegen Ausfransen auf der Unterseite schützt ein angepresstes Abfallholz.

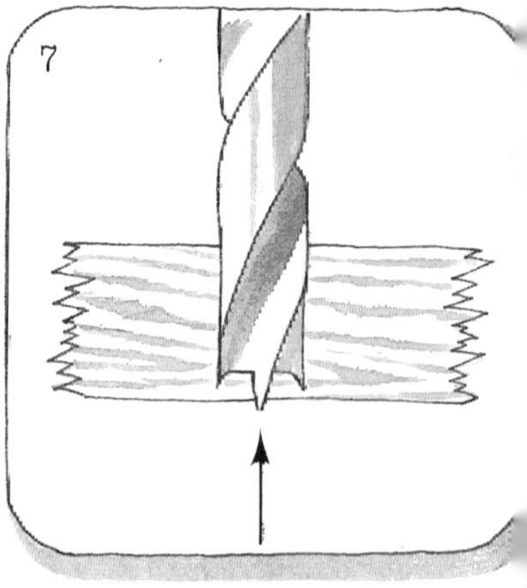

Noch besser: Mit dem Zentrier- o Forstnerbohrer bohren, bis die Sp durchsticht, das Brett drehen und in dasselbe Loch bohren.

Solitär und Belagerungsspiel

f diesem Spiel-
tt lässt sich
vohl das Belage-
gsspiel als auch
e Partie Solitär
elen.

Werkzeug

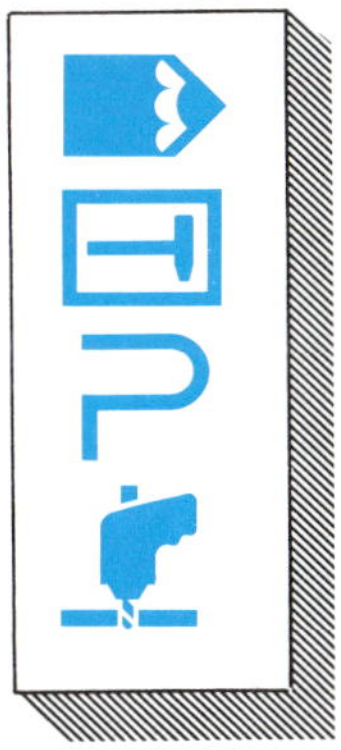

Sauberes Bohren ist die einzige Fähigkeit, welche es braucht, um dieses Spielbrett herzustellen. Eine elektrische Bohrmaschine mit einem Ständer leistet hier gute Dienste, ist aber nicht unbedingt notwendig.

Aufzeichnen: Das Brett wird längs und quer in Streifen zu 2 cm aufgeteilt. In den Schnittpunkten zeichnen wir die 33 Löcher vor (siehe Skizze).

Bohren: Nun werden alle Löcher gleich tief gebohrt (ca. 10 mm), und zwar ½ bis 1 mm dicker als die Rundstäbe, da diese sich beim Beizen leicht ausdehnen.

Material:
- 1 Massivholzbrett 16 x 16 cm, mind. 15 mm dick
- 1 m Rundstab (6–9 mm dick)
- Beize, Lack

Die Oberfläche des Spiels wird geschliffen, evtl. gebeizt und lackiert. Die Laufbahnen für die Angreifer (beim Belagerungsspiel, siehe Skizze Seite 61) werden mit wasserfesten Filzstiften eingezeichnet.

Die Spielstäbe werden mit der Laubsäge aus einem Rundstab abgelängt (32 Stück zu je 2,5 cm). Für das Belagerungsspiel müssen 2 Stück rot und 24 Stück blau gebeizt und lackiert werden.

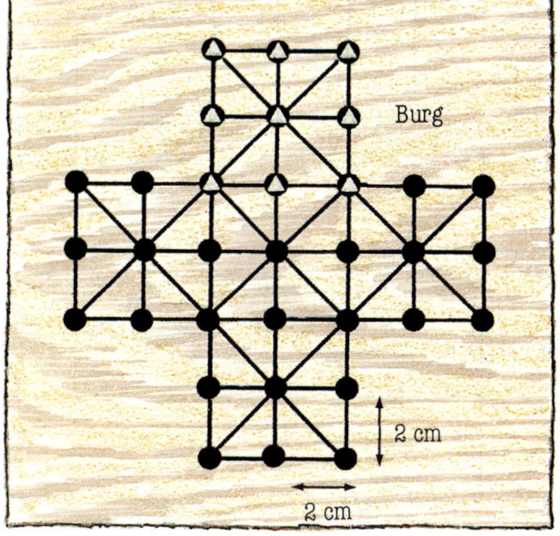

Solitär-Spielfeld

Spielregeln siehe Seite 61.

Tips zum Laubsägen

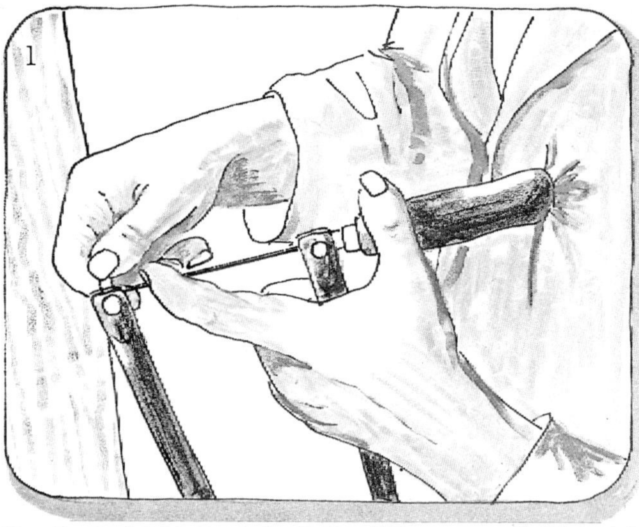

Das Laubsägeblatt wird mit den Zähnen zum Griff gerichtet und dort zuerst eingespannt, nachher auf der oberen Seite.

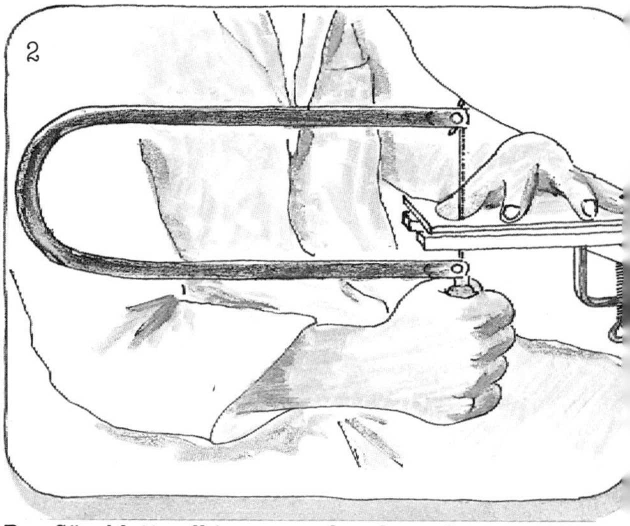

Das Sägeblatt soll immer senkrecht stehen. Der Unterarm ist ungefähr waagrecht.

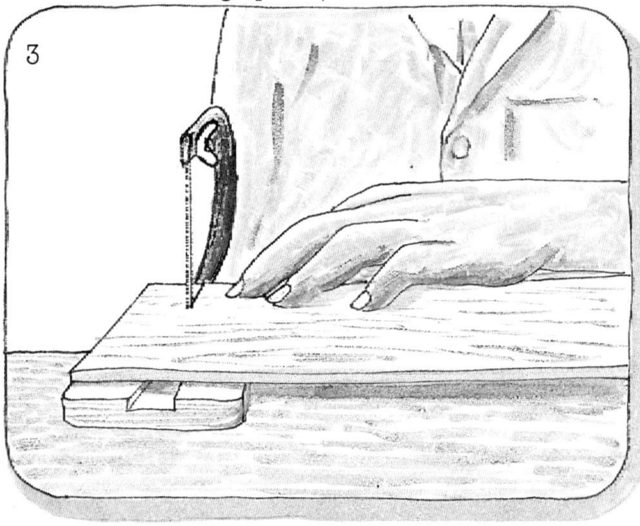

Die Säge wird parallel auf und ab geführt. Mit der freien Hand wird das Sperrholz gut auf das Sägetischchen gepresst.

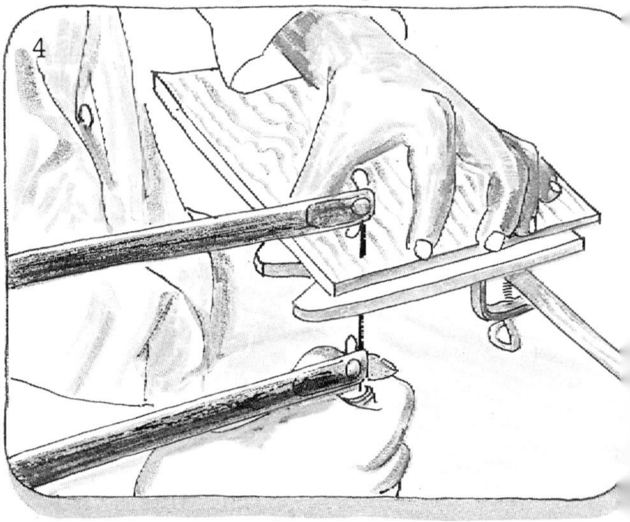

Einschläge durch die Flügelmuttern auf der Ober- und Unterseite des Sperrholzes vermeiden.

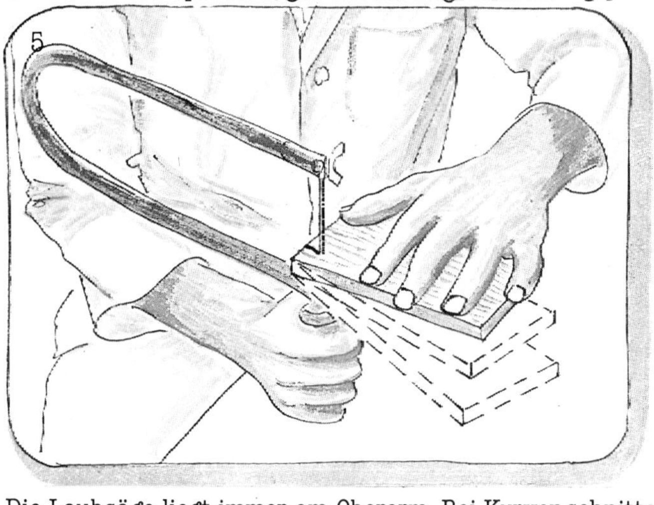

Die Laubsäge liegt immer am Oberarm. Bei Kurvenschnitten dreht man das Sperrholz durch fortwährendes Sägen.

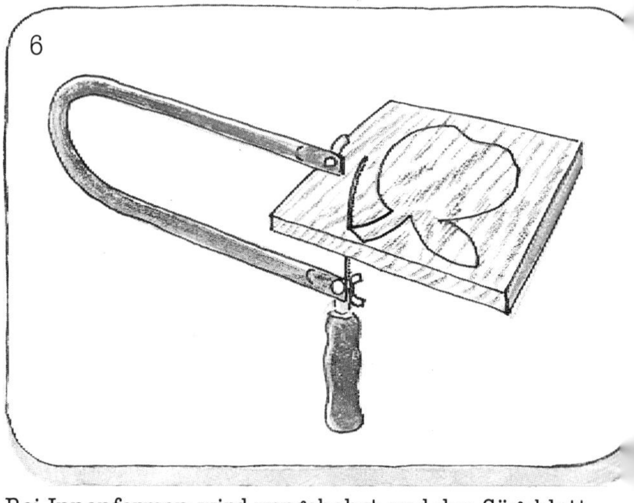

Bei Innenformen wird vorgebohrt und das Sägeblatt durch das Loch eingeführt.

Puzzle

Altersgerechte Puzzles tragen viel zur Entwicklung des Kindes bei. Und der Spass daran ist auch garantiert.

Zusammensetzspiele werden nicht zu Unrecht als Königinnen der Laubsägearbeiten bezeichnet. Natürlich wählen wir je nach Alter des Kindes verschieden schwierige Motive aus. Mit etwas Geduld und untenstehender Anleitung gelingen diese individuellen Geschenke jedermann und -frau.

Aufzeichnen: Die einzelnen Teile werden direkt auf das Brett gezeichnet oder von einer Vorlage durchgepaust. Wenn die Gegenstände direkt an den Rand gezeichnet werden, sind sie natürlich einfacher auszusägen (vgl. Tip 6 nebenan).

Aussägen und schleifen: Ein Stück nach dem anderen wird herausgesägt und anschliessend an den Kanten leicht geschmirgelt (nicht abrunden).
Der Rahmen wird auf das Unterlagebrett geleimt und gut gepresst. Nach dem Trocknen werden beide Bretter exakt bündiggeschliffen.

Bemalen und lackieren: Einfarbige Teile können gebeizt werden (Sonne, Wolke), so bleibt die Holzstruktur gut sichtbar. Mehrfarbige Teile werden mit dicker Wasserfarbe oder Bauernmalereifarbe bemalt (siehe auch S. 22) und anschliessend lackiert.

Werkzeug

Material:
- 2 gleich grosse Sperrholzbretter (4–5 mm dick)
- Leim, Farbe, Lack

Tips zum Sägen

Stichsägen erledigen alle Kurvenschnitte.

Der Fuchsschwanz sägt alle geraden Schnitte.
Die Rückensäge ist besonders geeignet für die Gehrungsschneidlade.

Die Gehrungsschneidlade wird mit Schrauben oder Schraubzwingen am Tisch befestigt.

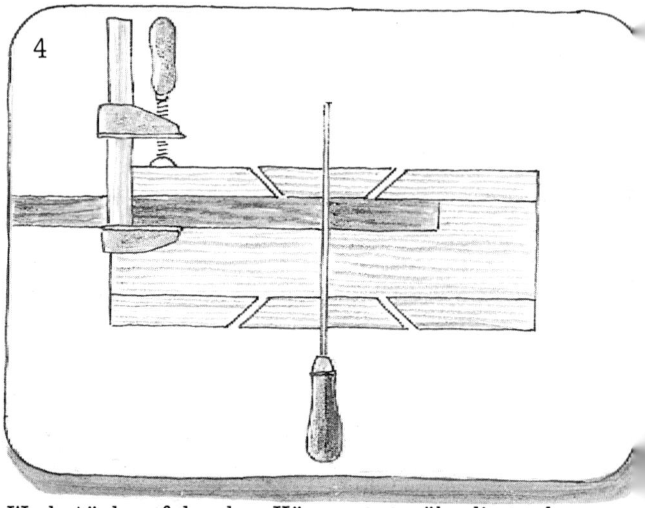

Werkstück auf der dem Körper gegenüberliegenden Seite einspannen (Sägen arbeiten auf Stoss!).

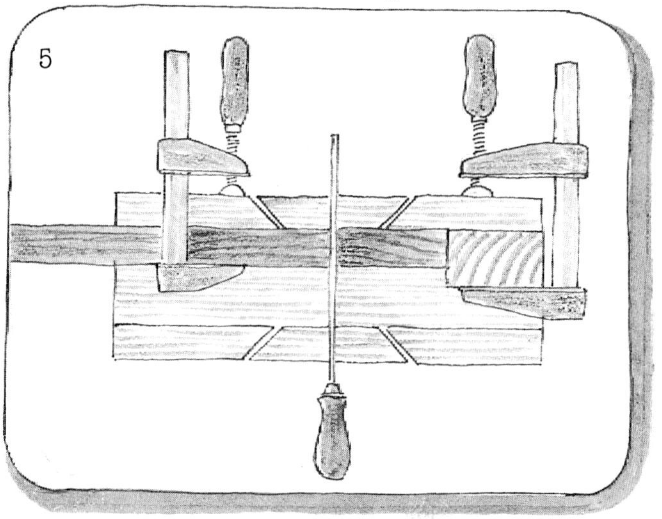

Ein Anschlag erspart das Abmessen gleich langer Stücke.

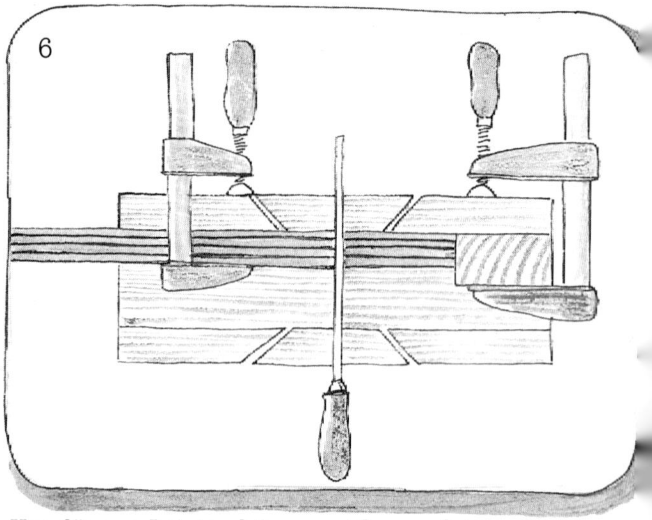

Von dünnen Leisten können mehrere gleichzeitig gesägt werden.

Domino

Wichtiges Prinzip beim Domino: Sich nicht in die Steine schauen lassen!

So sehen die Steine eines üblichen Dominospiels mit Zahlenkombinationen von null bis sechs vollständig aus. Natürlich können sinngemäss weitere Reihen angehängt werden.

Das Domino ist ein altbekanntes Legespiel. Wer es sich selber baut, kann statt der Punkte auch andere dekorative Motive wählen, sodass auch unsere Kleinen mitspielen können, die das Zählen noch nicht beherrschen.

Sägen und schleifen: Von der Tannenleiste werden 28 Steine (für ein 6er Domino) zu je 6,5 cm abgelängt und an den Kanten verschliffen.

Bemalen: Die Steine werden wie auf der Skizze bemalt. Die Punkte werden entweder

- mit Filzstift aufgemalt
- mit dem Brennkolben eingebrannt
- oder durch Bilder ersetzt (für 1 einen Mond, für 2 ein Haus usw.). Dies geht sehr gut mit Kartoffelstempeln!

Wurden die Steine mit wasserlöslicher Farbe bemalt, müssen sie zum Schluss lakkiert werden.

Eine Schachtel für die Dominosteine können Sie ebenfalls selber herstellen. Die Bauanleitung finden Sie auf Seite 19.

Zum Spiel: Jeder Spieler erhält die gleiche Anzahl Steine, die übrigen kommen auf den Stock. Wer den Stein mit beiden Sechsern hat, darf beginnen. Wenn keiner den Doppelsechser hat, beginnt der Doppelfünfer usw. Dann wird reihum je ein passender Stein angehängt. Wer nicht legen kann, muss einen Stein vom Stock nehmen. Wer zuerst alles abgelegt hat, hat gewonnen.

Material:
- 1 Tannenleiste 10 x 30 mm, ca. 2 m lang

je nachdem:
- Filzstifte
- Brennkolben
- Material für Kartoffelstempel
- Lack

Werkzeug

Tips zum Leimen

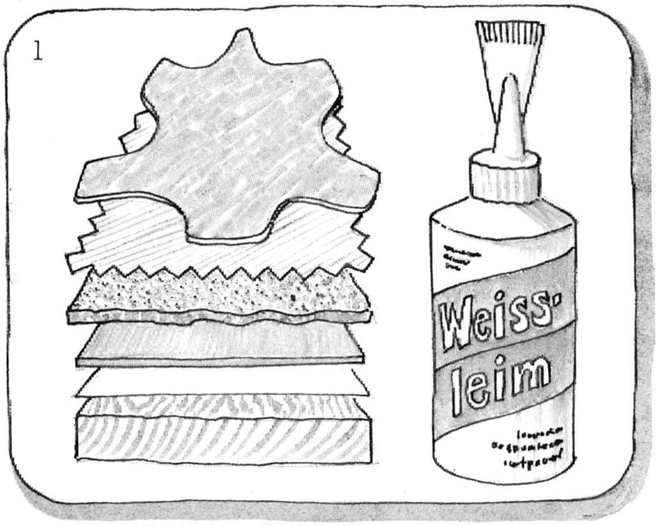

Für Holz, Papier, Karton, Filz, Leder, Stoff usw. verwenden wir Weissleim. Für wetterfeste Gegenstände brauchen wir kaltwasserfesten Weissleim. Er löst sich nur in warmem Wasser auf.

Auf grossen Flächen wird der Leim mit einem Spachtel verteilt.

Nicht die Menge des Leims, sondern der Pressdruck entscheidet über die Festigkeit der Verbindung.

Am besten presst man mit Schraubzwingen (Unterlage verwenden, damit das Werkstück nicht verletzt wird!).

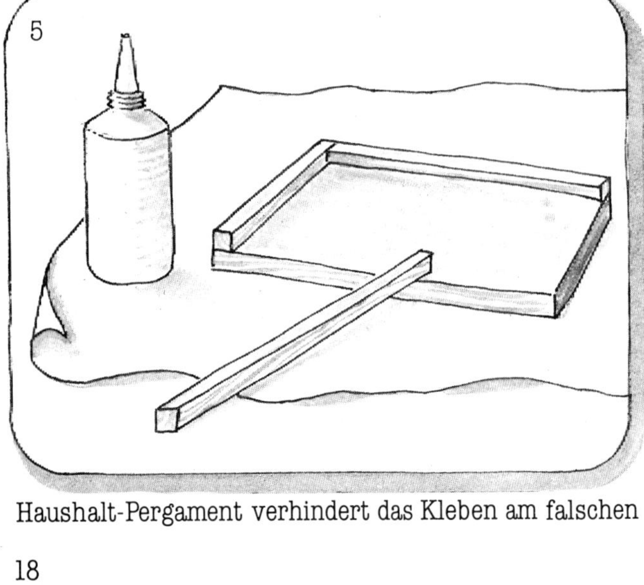

Haushalt-Pergament verhindert das Kleben am falschen Ort.

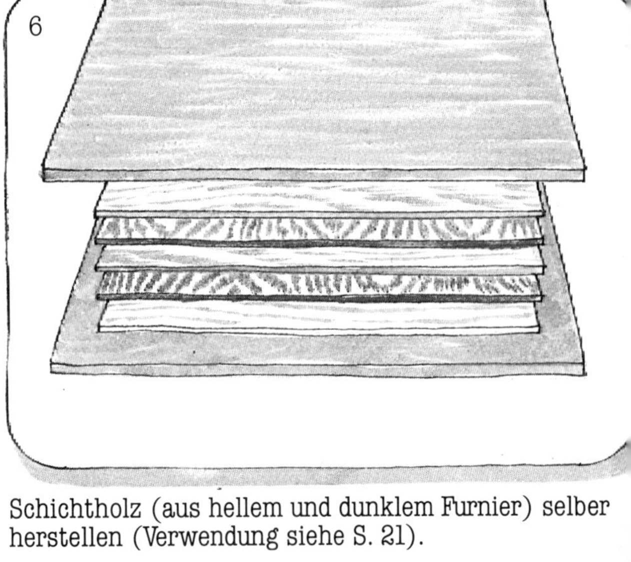

Schichtholz (aus hellem und dunklem Furnier) selber herstellen (Verwendung siehe S. 21).

Holzschachtel

n dieser Schachtel
;eht bestimmt kein
)ominostein verloren. Die
uchstaben wurden aus
perrholz ausgesägt,
ebeizt und auf
en Schiebe-
eckel
eleimt.

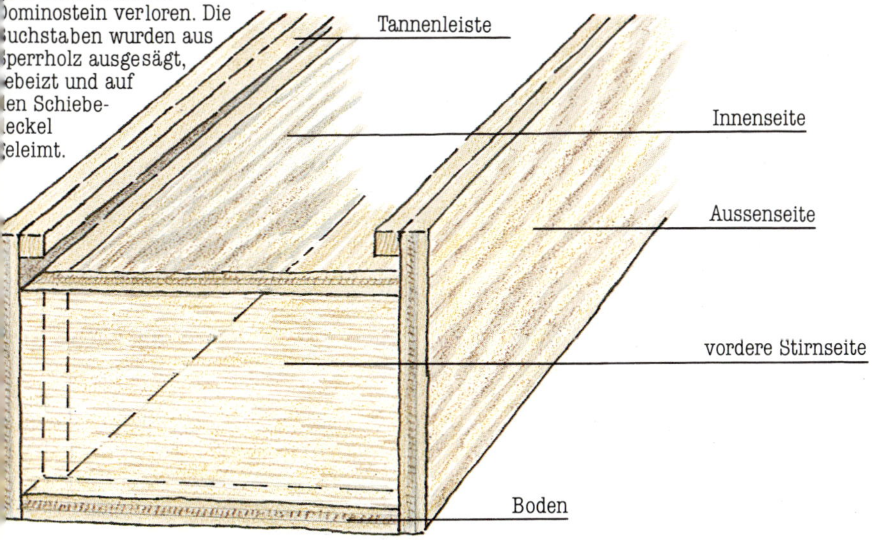

Werkzeug

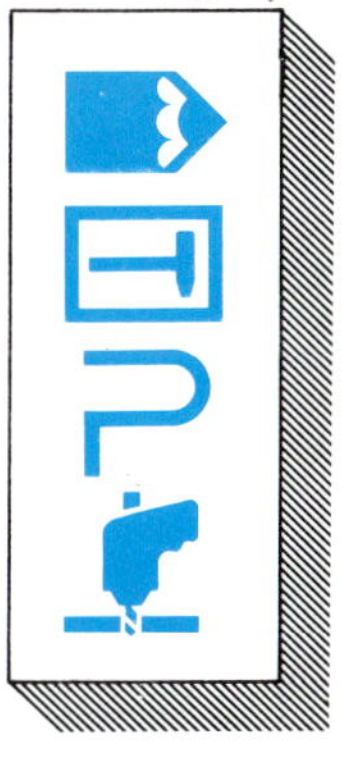

Diese praktische Schachtel ist sicher eine Aufwertung für das Dominospiel. Mit abgewandelten Massen kann sie aber auch als Fotokiste oder dergleichen dienen.

Der Holzzuschnitt: Aus 5-mm-Sperrholz sägen wir folgende Stücke:

beide Aussenseiten	5 x 30	cm
beide Innenseiten	3,5 x 29	cm
vordere Stirnseite	3,5 x 8	cm
hintere Stirnseite	4,5 x 8	cm
Boden	8 x 30	cm
Deckel	7,8 x 29,5	cm

Beide Leisten messen je 29,5 cm (Querschnitt 5 x 5 mm).

Verleimen: Im ersten Arbeitsgang werden Boden, beide Aussenseiten und beide Stirnseiten verleimt. Dazu muss an jeder Ecke der Aussenseiten, besser auch noch in der Mitte je eine Schraubzwinge angesetzt werden.
Als zweites werden beide Innenseiten eingeleimt und wiederum gepresst.
Zum Schluss verfährt man genau gleich mit den beiden Tannenleisten.

Schleifen: Nach dem Trocknen werden mit dem Schleifklotz alle zusammenstossenden Flächen exakt bündiggeschliffen und die Fasern an allen Kanten abgerieben.

Der Deckel wird an einem Ende durchbohrt (mit dem Forstnerbohrer, ca. 15 bis 20 mm, vgl. Tip 7, Seite 12), damit er später gut herausgezogen werden kann. Die Buchstaben werden aus Sperrholz ausgesägt, gebeizt und aufgeklebt.

Zum Schluss kann die ganze Schachtel mit Lack geschützt werden.

Material:
- 5 mm Sperrholz 30 x 45 cm
- Tannenleiste 5 x 5 mm, 60 cm lang
- Leim, Beize, Lack

Tips zum Schleifen

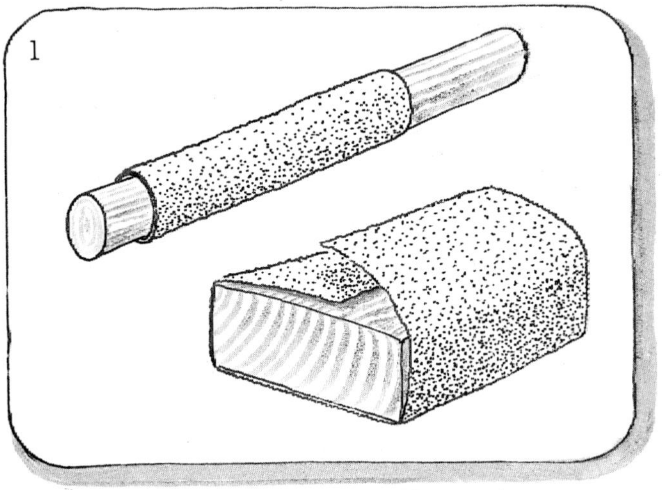

Durch Umwickeln eines geeigneten Holzstücks mit Schleifpapier können wir selber Feilen herstellen.

Bei diesem gekauften Schleifklotz kann man das gewünschte Schleifpapier einspannen.

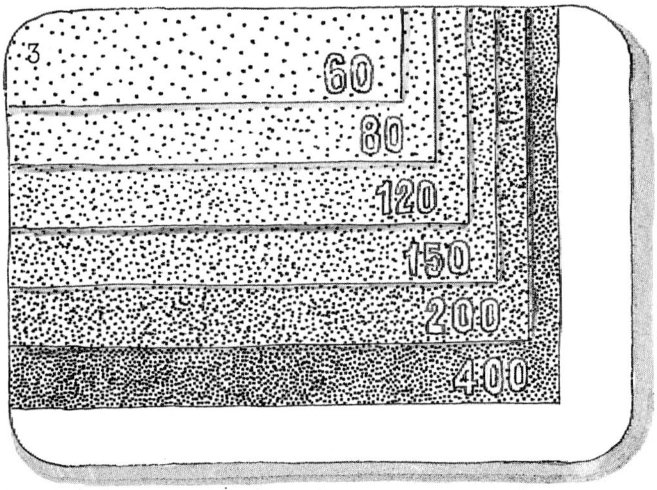

Die Oberflächenbehandlung beginnt stets mit dem gröbsten Schleifpapier (kleinste Zahl auf der Rückseite) und endet mit dem feinsten (grösste Zahl).

Werkstück einspannen, Raspel von der Mitte zum Rand führen.

Zum Schleifen von Kanten zieht man das Holz über das Schleifpapier.

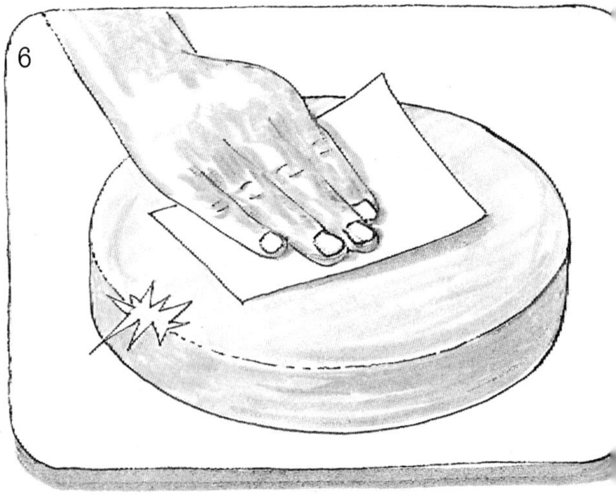

Die erste Lackschicht auf dem Werkstück wird mit P 400 geschliffen und gut entstaubt, bevor die zweite Lackschicht aufgetragen wird.

Geschenkideen

Brieföffner, Gürtelschnalle, Schlüsselanhänger und Schmuckstück: alle sind aus selbstgefertigtem Schichtholz hergestellt.

Material:
– verschiedenfarbige Furnierresten
– Leim, Mattlack

Werkzeug

Aus Schichtholz (Herstellung siehe Seite 18) lassen sich verschiedenste Gegenstände gestalten. Steile und flache Schleifstellen bringen das verschieden farbige Holz zur Wirkung.

Vorbereitung: Das Schichtholz muss nach dem Verleimen lange genug gepresst werden (ca. 1 Woche), damit es sich später nicht wölbt.

Aufzeichnen und aussägen: Die Umrisse unseres Brieföffners werden direkt auf das Schichtholz gezeichnet. Mit der Laubsäge wird das Stück ausgesägt.

Schleifen: Der rohe Brieföffner wird mit einer Schraubzwinge auf den Tisch fixiert und zuerst mit einer Raspel in seine Grundform gebracht. Eine glatte Oberfläche erzeugen wir mit grobem und dann immer feinerem Schleifpapier.

Mattlack bringt die Farbunterschiede der verschiedenen Furniere besser zur Geltung, ohne durch unnötigen Glanz von der Eigenheit des Holzes abzulenken.

Tips zum Malen, Beizen und Lackieren

- Einfarbige Flächen oder Gegenstände werden gebeizt. Einmal angerührte Beize kann in einem verschlossenen Glas aufbewahrt werden.

- Wasserfarbe muss dick angewendet werden, sonst verfliesst sie auf dem Holz. Besser ist wasserlösliche Acrylfarbe (Bauernmalereifarbe).

- Details zeichnen wir mit wasserfesten Filzstiften über den getrockneten Lack.

- Eine doppelte Lackschicht schützt vor Nässe.

- Mattlack wirkt natürlicher.

- Nitrolack trocknet innert Minuten, andere Lacke über Nacht.

- Mit Nägeln auf der Unterseite kann das ganze Stück in einem Zug lackiert werden.

- Universalreiniger passt zu jedem Lack (Dosenaufschrift beachten).

Vogelbaum

Beize verläuft in der Holzfaserrichtung. Damit lassen sich dekorative Effekte erzielen, wie bei diesen Paradiesvögeln.

Das Wort «Beize» bringen wir normalerweise mit dem Möbelschreiner in Verbindung. Aber auch bei Bastlern ist Beize beliebt, weil sie die Holzstruktur nicht wie Farbe zudeckt. Der Vogelbaum zeigt eine dekorative Anwendung zu dieser Technik.

Der Baum wird mit der Schere aus einem mittelbraunen Furnierrest ausgeschnitten. Wer ihn mit der Laubsäge herausholen möchte, legt dazu das Furnier zwischen zwei Kartons (vgl. S. 44). Anschliessend wird er grün gebeizt und erst nach dem Trocknen auf das Unterlagebrett geklebt, damit dieses die Farbe nicht annimmt.

Die Vögel sägen wir aus Pappelsperrholz aus. Die Holzfaserung muss so gewählt werden, wie später die Beize fliessen soll. Nach dem Schmirgeln der Kanten werden die Vögel gelb gebeizt (am besten durch Untertauchen mit einer Pinzette, damit auch die Ränder Farbe annehmen). Auf die noch nassen gelben Vögel kann zum Schluss mit einem Pinsel etwas grüne oder rote Farbe aufgetragen werden, die rasch in Faserrichtung verfliessen wird.

Zum Schluss werden die getrockneten Vögel auf den Baum geklebt. Ein Überzug mit Mattlack wird die Farbe noch mehr hervorheben. Flügel und Schnäbel zeichnen wir mit wasserfestem Filzstift über den getrockneten Lack.

Variante: Statt Vögel können auch Äpfel oder Birnen auf den Baum geklebt werden.

Material:
- 1 Sperrholzbrett (ca. 20 x 25 cm)
- 1 Sperrholzrest für die Vögel (am besten Pappel, 3–5 mm dick)
- Leim, Beize, Lack

Werkzeug

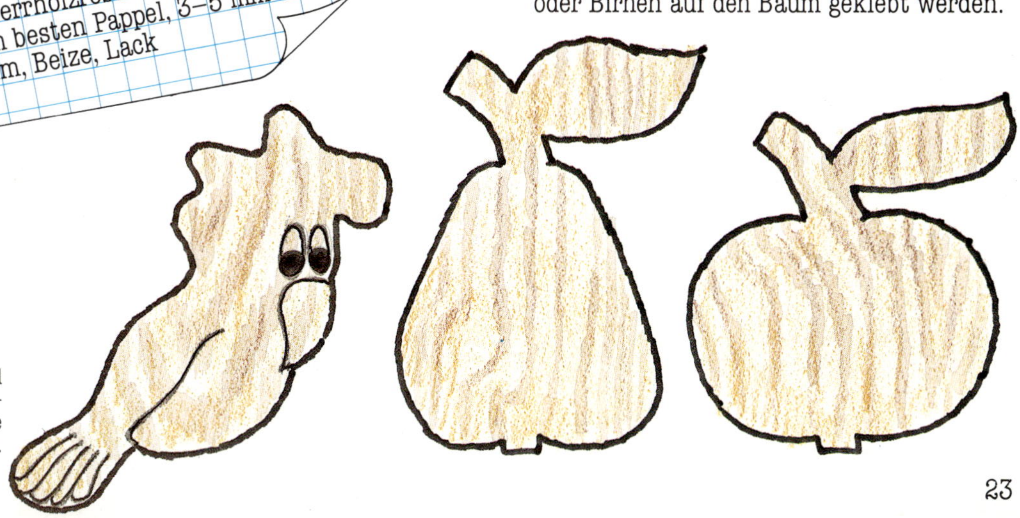

Vögel, Birnen und Äpfel sind geeignete Motive für die Beiz-Technik.

Knobelwürfel

Die letzten Elemente sind am schwierigsten einzusetzen! Hier zeigt sich Kombinationsgabe – und Glück!

Der Knobel-Würfel ist oft schneller gebaut als zusammengesetzt. Wer sich davon nicht abschrecken lässt, schafft damit sicher viel Unterhaltung für sich und seine Freunde.

27 Würfel werden aus dem Vierkantstab gesägt (Gehrungsschneidlade verwenden!). Alle Kanten werden mit Schmirgelpapier leicht gebrochen. Dann werden 14 Würfel dunkel gebeizt oder bemalt, die 13 übrigen werden hell gebeizt oder in Naturfarbe belassen.

Die 7 Spielelemente werden gemäss Skizze aus den einzelnen Würfeln verleimt. Der Holzfaserverlauf muss dabei immer senkrecht sein. Zum Schluss können die Teile lackiert werden.

Beim Verleimen ist nicht nur darauf zu achten, dass die Farbe, sondern auch die Wuchsrichtung des Holzes stimmt.

Material:
– ca. 1 m Vierkantstab, 2–3 cm dick
– Leim, Beize, Lack

Werkzeug

Zum Spiel: Einfachste Spielart ist, die 7 Teile irgendwie zu einem Würfel zusammenzusetzen. Schwieriger wird es, wenn man versucht, auf der Würfeloberfläche ein Schachbrettmuster hinzukriegen. Für den höchsten Schwierigkeitsgrad sorgt die Bedingung: Der Holzverlauf muss im ganzen Würfel einheitlich sein (mit Schachbrettmuster!).

Pentomino

Für schlaue Köpfe und exakte Laubsäger: 12 Teile aus je fünf Quadraten.

Werkzeug

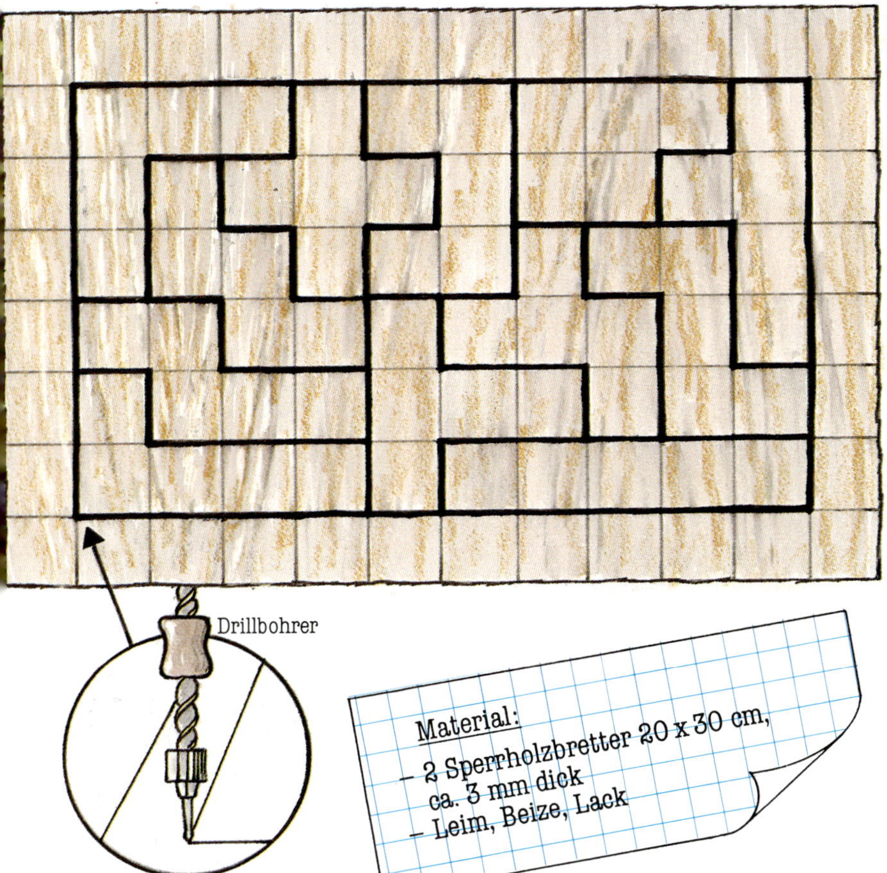

Material:
– 2 Sperrholzbretter 20 x 30 cm, ca. 3 mm dick
– Leim, Beize, Lack

Das knifflige Zusammensetzspiel: Es soll zwar über 2000 mögliche Lösungen geben, aber es ist oft schon schwierig, auch nur eine einzige zu finden!

Aufzeichnen: Das Brett wird längs und quer in Streifen zu je 2,5 cm aufgeteilt. Rand und Spielteile werden gemäss Skizze eingezeichnet. So entstehen 12 Teile, die je aus 5 Quadraten (daher der Name: penta heisst griechisch fünf) zusammengesetzt sind. Sie weisen alle verschiedene Formen, aber immer dieselbe Fläche auf.

Aussägen: An einer Ecke des Randes wird mit dem Drillbohrer vorgebohrt, damit das Sägeblatt eingezogen werden kann (vgl. S. 14). Es empfiehlt sich, zuerst den Rand wegzusägen. Beim Aussägen der Spielteile ist auf äusserste Genauigkeit zu achten, da sich sonst das Spiel nicht auf verschiedene Arten zusammensetzen lässt.

Schleifen und verleimen: Alle Kanten werden leicht verschliffen. Der Rand wird auf das Unterlagebrett geleimt und nach dem Trocknen nochmals bündiggeschliffen. Die Spielteile sowie der Rand können gebeizt und lackiert oder roh belassen werden.

Klammerfisch

Ob Fisch oder Birne – die versteckte Wäscheklammer hält einfach alles!

Loch für Nagel oder Schraube

Wäscheklammer

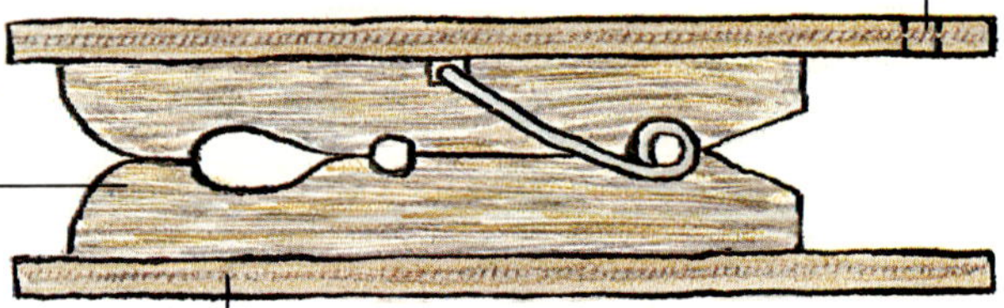

Fisch (Figur)

Skizze 1

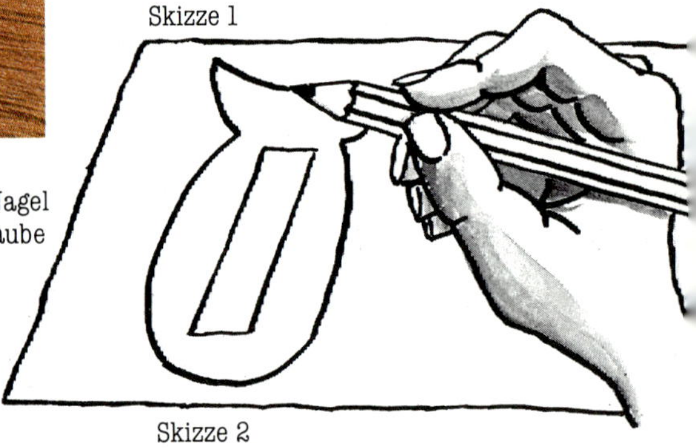

Skizze 2

Kohlepapier

Praktisch und dekorativ zugleich ist dieser Klammerfisch, wenn er in seinem Maul Notizzettel, Kassenbelege und dergleichen sammelt. Natürlich funktioniert es auch als Tanne, Birne usw., der Fantasie sind keine Grenzen gesetzt.

<u>Die Herstellung</u> ist ganz einfach: Eine hölzerne Wäscheklammer wird auf ein Blatt Papier gelegt und der Umriss abgezeichnet. Darum herum skizzieren wir unsere Figur (Skizze 1).
Dieses Muster wird zweimal auf Sperrholz oder Karton übertragen und ausgesägt oder ausgeschnitten (Skizze 2).
Soll die Klammer auch aufgehängt werden können, so ist die untere Figur mit einem Loch für einen Nagel oder eine Schraube zu versehen.
Nun werden beide Teile bemalt, lackiert und auf die Wäscheklammer geleimt (Skizze 3).

Werkzeug

Material:
- 1 hölzerne Wäscheklammer
- 1 Sperrholzrest (ca. 10 x 10 cm)
- Leim, Farbe, Lack

Ringwurfspiel

Wer wirft auch den kleinsten Ring noch über den mittleren Stab? Das gibt am meisten Punkte.

Skizze 1

Skizze 2

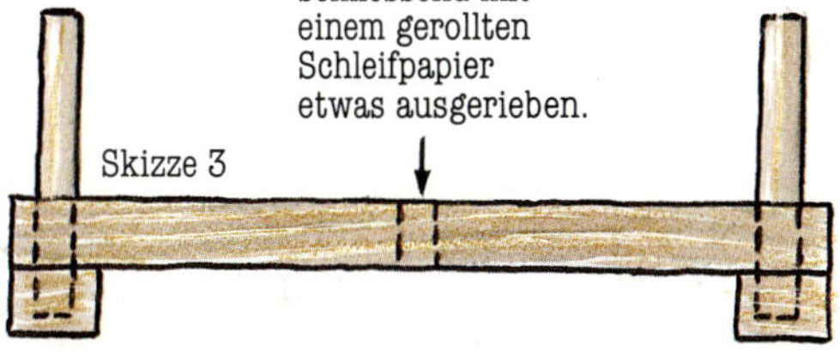

Skizze 3

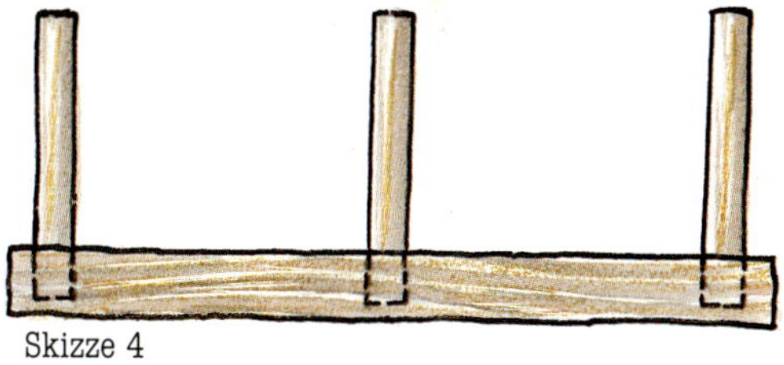

Skizze 4

Ein Spiel für gross und klein, das im Kinderzimmer genausoviel Spass macht wie draussen auf der grünen Wiese. Und in der Herstellung ist es erst noch supereinfach!

Die fünf Wurfringe werden gemäss Skizze 1 auf das Sperrholz gezeichnet. Die Kreisradien messen der Reihe nach 4,5/6/7,5/9/10,5/12 cm. Mit der Laubsäge (vgl. S. 14) werden die Ringe ausgesägt. Dann werden sie geschliffen, farbig gebeizt und lackiert.

Das Wurfziel: Die Tannenleiste wird in vier Teile zersägt: zwei Stücke zu je 45 und zwei zu je 5 cm. Die beiden kurzen Teile werden an die Enden des einen langen Stücks geleimt (Skizze 2). Nach dem Trocknen werden alle fünf Bohrungen gemäss Skizze 3 ausgeführt (wir verwenden dazu einen Bohrer desselben Durchmessers wie der Rundstab).
Achtung: Nur ein Loch wird durchgängig! Nun werden fünf Rundstäbe abgelängt (je ca. 15 cm), an den Kanten geschmirgelt und eingeleimt (Skizze 4). Zum Schluss werden beide Teile gut lackiert und nach dem Trocknen zusammengesetzt. Sie können zum Versorgen jederzeit wieder auseinandergenommen werden.

Werkzeug

- Material:
- Sperrholz, 6–8 mm dick, 24 x 24 cm
- Rundstab 10–20 mm, ca. 1 m
- Tannenleiste 30 x 40 mm, 1 m
- Leim, Farbe, Lack

Labyrinth

Wer bringt die Kugel am schnellsten vom Turm zum Riesenrad? Auch für Kenner keine leichte Aufgabe!

Werkzeug

Dieses Labyrinth hat seine Tücken: Häuser verdecken die Sicht, der Teich darf nicht betreten werden und überall zweigen Irrwege ab. Baut diesen Spass für die ganze Familie und alle Eure Gäste.

Der Plan: Vier A4-Blätter (5 mm kariert) werden aneinandergeklebt. Darauf zeichnen wir den Grundraster (Skizze 1) am besten gleich mit einem Leuchtfilzstift. Darauf stehen später die Holzleisten. Unser Beispiel hat längs und quer je 20 Kugelbahnen, also 400 Felder. Das ergibt mit dem Rand die Grösse für das Grundbrett von 40,5 x 40,5 cm. Wählen Sie die Grösse entsprechend der Ausdauer für die Herstellung!

Nach dem Raster wählen wir Start und Ziel der Kugel und legen Weg und Irrwege fest (Skizze 2). Auch Teiche, Fussballfelder, Parks und dergleichen werden jetzt eingezeichnet. Was darf betreten werden, was nicht?
Zuletzt werden die Wege durch Leisten («Leitplanken») gegeneinander abgegrenzt. Wir zeichnen sie mit einem Filzstift auf den Grundraster.

Um die Sache noch interessanter zu machen, können wichtige Weggabelungen durch Häuser, Kirchen usw. verdeckt werden. Wir zeichnen sie jetzt schon ein.

Der Bau des Labyrinths beginnt mit der Übertragung des Plans auf das Grundbrett (bei 5-mm-Papier im Massstab 1:1). Seen, Fussballplätze usw. werden am besten gleich jetzt gemalt. Dann wird der Plan ausgeführt: Leiste um Leiste wird mit der Laubsäge abgelängt und mit Weissleim auf das Grundbrett geklebt.

Die Häuser arbeiten wir aus 5 mm dickem Sperrholz. Unser Musterhaus (Skizze 3 und 4) bedeckt sechs Felder und misst 45 x 65 mm (die Häuser werden auf die Leisten geklebt!). Für jede Hausgrösse zeichnen wir einen Plan auf Häuschenpapier. Darauf lassen sich alle Masse bequem abmessen.

Skizze 1: Grundraster aufzeichnen

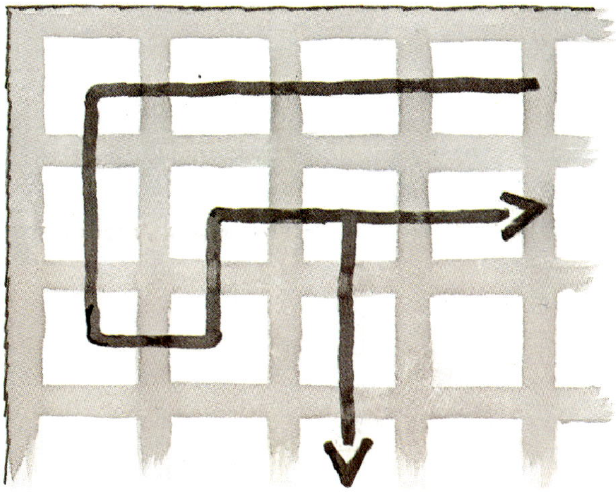

Skizze 2: Wege festlegen

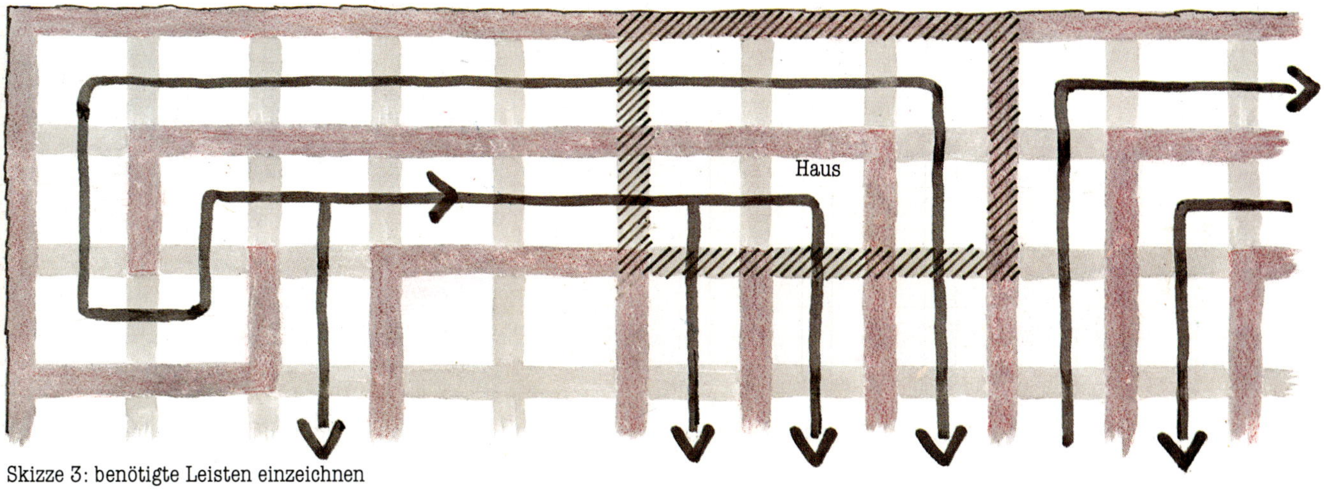

Skizze 3: benötigte Leisten einzeichnen

Skizze 4

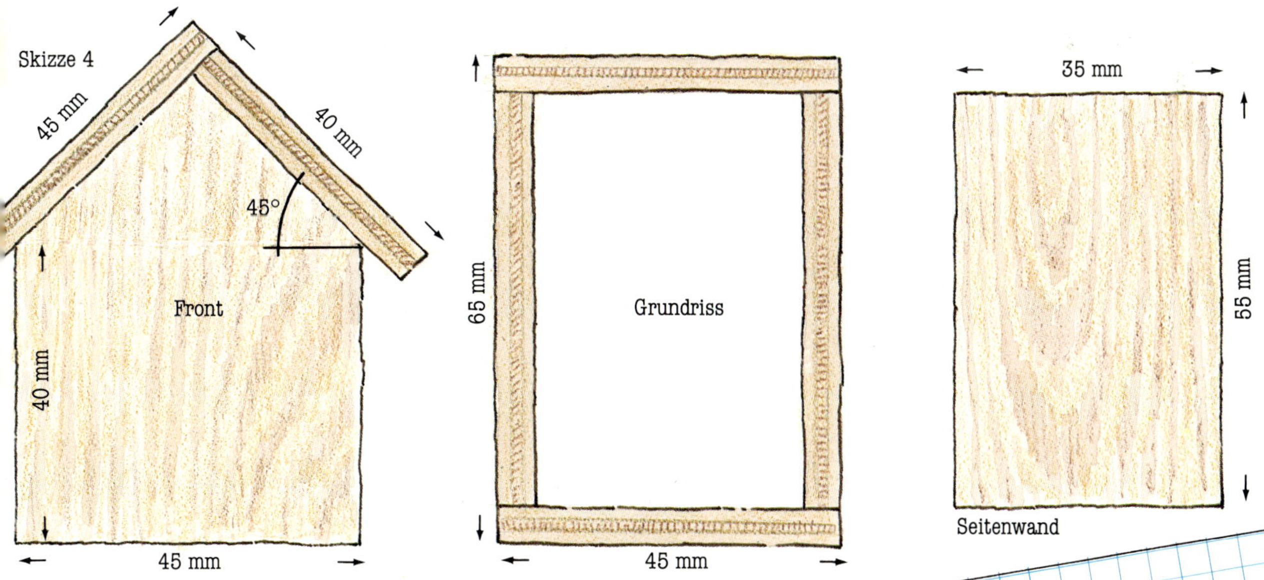

Achtung:

– Die Dachschrägen sollten alle im Winkel von 45 Grad stehen, damit die entsprechenden Dachteile senkrecht aufeinandergeleimt werden können (Skizze 4).

– An der Basis der Häuser sind bei den «Wegen» leichte Wölbungen auszufeilen, damit die Kugel ungehindert passieren kann.

– Die Häuser können bemalt und lackiert werden. Fenster usw. zeichnen wir mit wasserfesten Filzstiften über den getrockneten Lack.

Material:
(für das abgebildete Beispiel)
– Grundplatte aus Sperrholz 40,5 x 40,5 cm
– Tannenleisten 5 x 10 mm, ca. 12–14 m
– Sperrholz 5 mm für die Häuser
– 1 Glas- oder Holzkugel, ⌀ ca. 5–12 mm

Balsaschlange

Nicht erschrecken: Diese Schlange ist nicht giftig! Ihr Körper besteht aus Balsaholz und ihre schlängelnden Bewegungen beruhen auf einem einfachen Trick.

Werkzeug

Auf und ab bewegt sie sich nicht, aber hin und her. Der Trick liegt in einem senkrecht stehenden Klebband, das beide Körperteile zusammenhält. Wie diese Schlange zum Leben erweckt wird, steht auf diesen beiden Seiten.

Aufzeichnen: Der Balsastab wird halbiert und beide Teile mit Klebstreifen aneinanderfixiert. Darauf wird der Schlangenkörper symmetrisch aufgezeichnet. Die volle Stabbreite wird bei Kopf und Schultern ausgenützt. Die Schwanzteile sollen zusammen nicht weniger als 1 cm breit sein (Skizze 1).

Aussägen: Balsaholz ist so weich, dass es mühelos mit der Laubsäge bearbeitet werden kann. So holen wir die Grundform der Schlange heraus. Weggesägte Klebstreifen werden sofort ersetzt (Skizze 2).

Schnitzen und Schmirgeln: Nun wird der Schlangenkörper mit einem scharfen Messer (Cutter) rundgeschnitzt. Achtung: Er soll möglichst symmetrisch werden (Skizze 3). Zum Schluss wird er mit Schmirgelpapier abgerieben, bis er glatt und fein ist.

Keile einzeichnen: Damit sich die Schlange seitlich biegen kann, werden Keile zum Herausschneiden eingezeichnet (Skizze 4): Der Kopf bildet ein Stück, die Halsverengung eines, und dann können die Körperteile aufgezeichnet werden. Zuerst sollten diese etwa 3 cm lang sein, dann gegen den Schwanz hin kürzer werden, jedoch nicht kürzer als 15 mm. Das letzte Stück wird wieder etwas länger.

Keile ausschneiden: Nun können die Keile, der Zeichnung entsprechend, mit dem Cutter herausgeschnitten oder von oben her ausgesägt werden.
Die abgeschnittenen Teile müssen sofort auf der Innenseite numeriert werden, damit nachher kein mühsames Sortieren beginnt. Zum Beispiel: 1 rechts, 1 links, 2 rechts, 2 links usw.

Aufkleben: Sobald alle Körperteile der Schlange so bereitliegen, braucht man das Teppichband. Das Band wird mit der Schutzfolie gegen unten auf den Tisch gelegt und sodann Stück um Stück der einen Schlangenhälfte dem Rand nach (im Abstand von etwa einem halben Millimeter) aufgereiht. Am Schluss wird das vorstehende Klebband abgeschnitten (Skizze 5).
Nun wird die Schutzfolie abgezogen und die jeweiligen Partnerteile werden angebracht.

Bemalen: Jetzt muss die Schlange bloss noch bemalt, lackiert und mit den abgezwickten Glasstecknadelaugen versehen werden. Eine Zunge lässt sich aus einem Abfallstück Balsaholz leicht schnitzen.

Material:
- 1 Balsastab, 2 x 2 cm dick, 1 m lang
- ca. 55 cm beidseitig klebendes Band (Teppichklebband)
- 2 Glaskopfstecknadeln
- Farbe, Lack

Skizze 1

Skizze 2

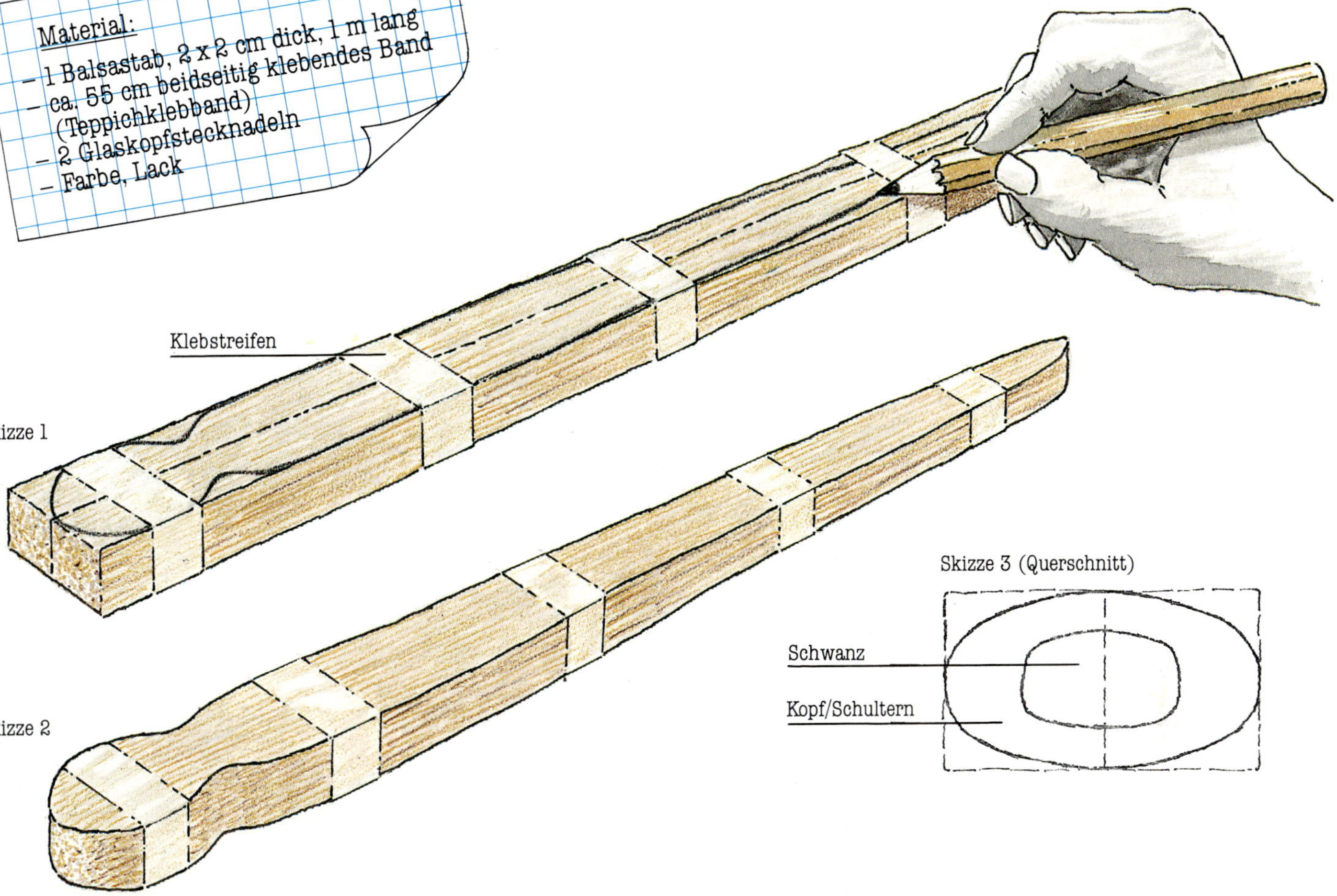

Skizze 4

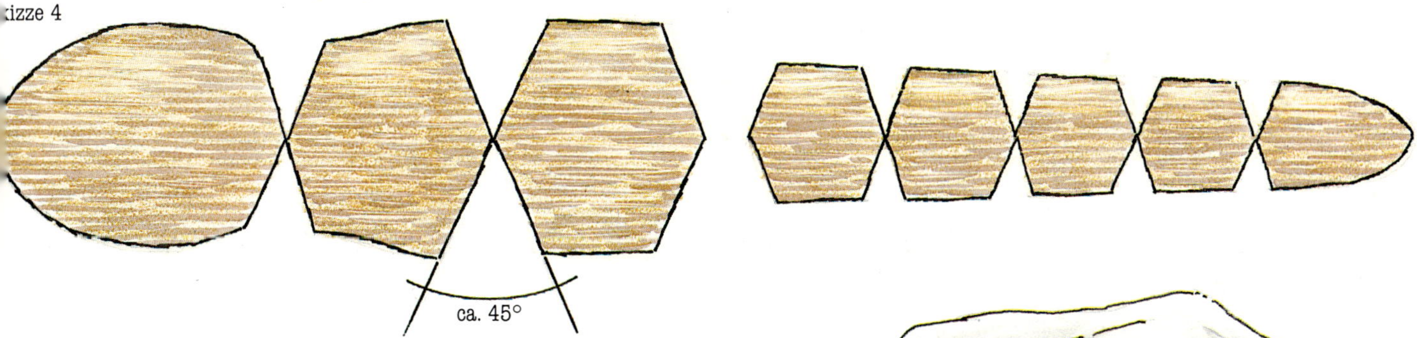

Skizze 5

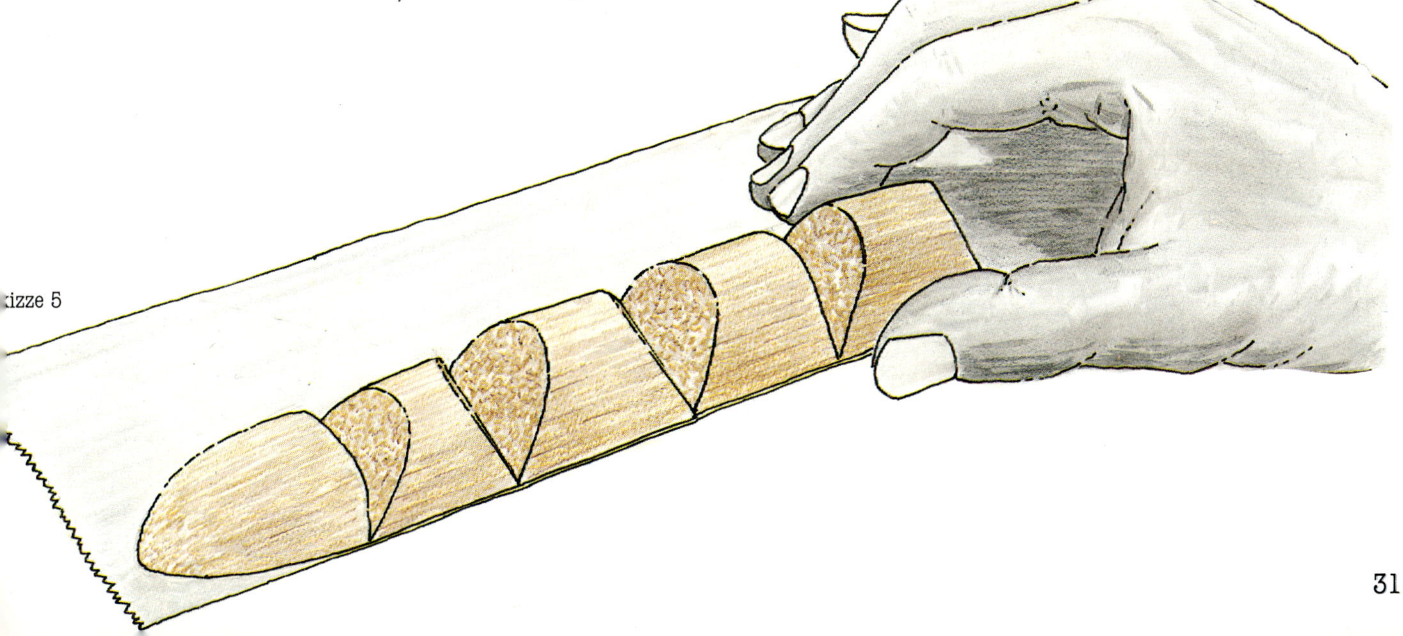

Stabturner

Kein Olympia-Sieger ist so gelenkig wie unser Stabturner. Er schafft Schwünge und Verrenkungen, die einen Schlangenmenschen neidisch werden lassen – und fällt dabei garantiert nie herunter!

Werkzeug

Um den Turner in Bewegung zu bringen, werden beide Holmen mit einer Hand gefasst und ruckartig zusammengedrückt. Dosierter Druck bringt ihn in die Waage, die Hocke oder in Positionen, für die es noch keine Namen gibt. Die Zeichnungsvorlage sorgt für die richtigen Proportionen.

Der Turner wird direkt ab Vorlage auf das Sperrholz übertragen (vgl. Seite 6). Selbstverständlich können ihm andere Kleider gezeichnet werden. Alle Löcher werden mit dem Drillbohrer gebohrt (2 mm), anschliessend werden alle fünf Teile ausgesägt, verschliffen und bemalt.

Das Turngerüst besteht aus zwei Holmen zu je 32 cm Länge und einem Rundstab (⌀ 6–10 mm, Länge 5 cm). Beide Holmen werden am oberen Ende durchbohrt (2 mm). Die grossen Löcher werden gleich dick gebohrt wie der Rundstab, aber nicht durchgängig, sondern nur bis zur halben Tiefe (Skizze 2). Zum Schluss wird der Rundstab zwischen die Holmen geleimt.

Material:
- 1 Tannenleiste, 10 x 15 mm, 70 cm lang
- 1 Rundstab, ⌀ 6–10 mm, 5 cm lang
- Sperrholz, 3–4 mm dick, ca. 12 x 20 cm
- 1 Stück dünne Schnur
  Holz- oder Glaskugeln mit Loch
- Leim, Farbe, Lack

Skizze 1

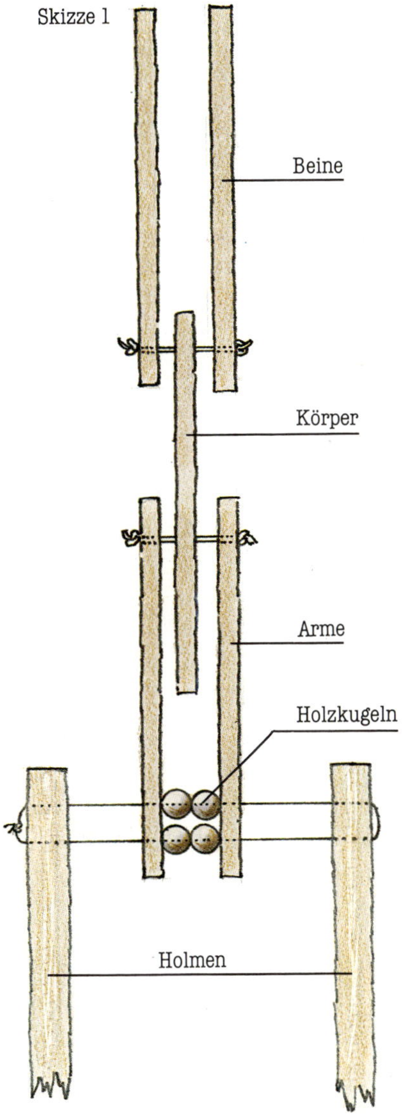

Skizze 2

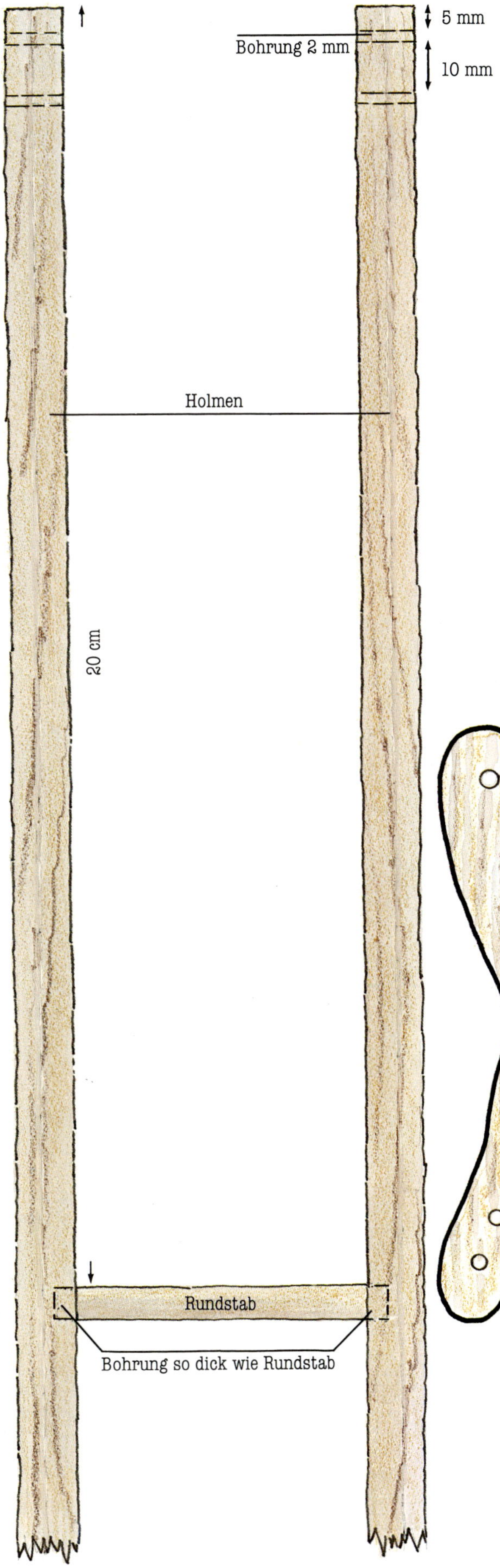

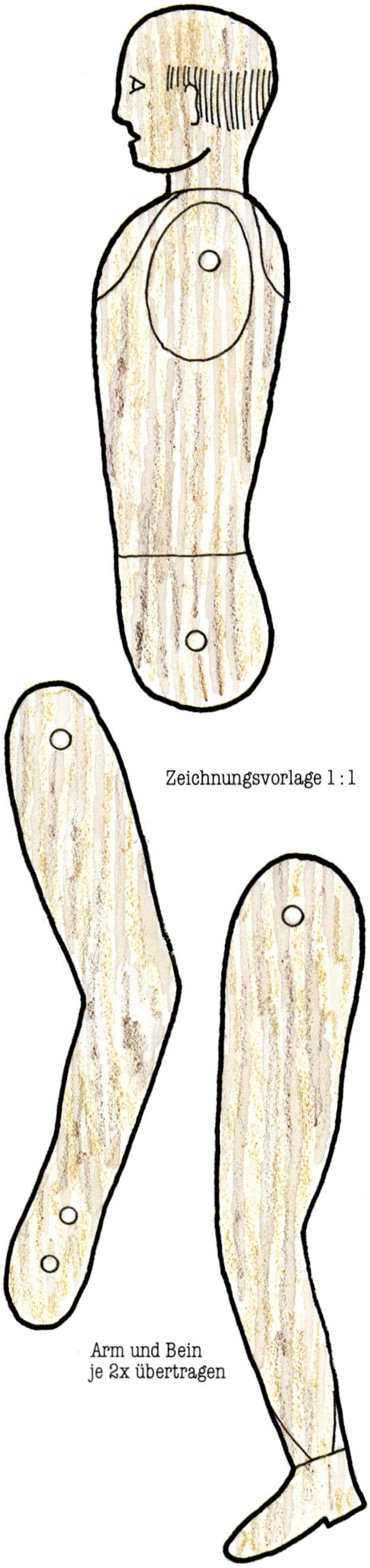

Zeichnungsvorlage 1 : 1

Arm und Bein
je 2x übertragen

Die Montage: Arme und Beine werden mit einer Schnur am Körper befestigt (Skizze 1). Mehrere Knoten übereinander verhindern, dass die Körperteile abfallen. Allerdings darf man nur so stark anziehen, dass sich Arme und Beine noch gut bewegen können.
Als «Reckstange» wird ebenfalls eine Schnur durch Holmen und Handgelenke geführt. Der Turner muss dazu oberhalb der Holme liegen. Die Holzkugeln (Glasperlen oder ähnliches) geben den Armen den nötigen Abstand, damit der Turner genügend Schwung bekommt.

Hampelmann

Wer zieht an meiner Schnur, damit ich hampeln kann?

Ein Hampelmann soll sich leicht bewegen und soll einfach zu bauen sein. Für beides verraten wir hier die nötigen Tricks!

Aufzeichnen: Die Zeichnungsvorlage wird auf das Sperrholz übertragen (vgl. S. 6). Natürlich kann auch eine eigene Figur gewählt werden. Dabei ist darauf zu achten, dass die Ansätze der Arme und der Oberschenkel mit den Drehpunkten richtig hinter dem Körper versteckt sind.

Bohren und Aussägen: Anschliessend werden die sechs grossen Löcher gebohrt (5 mm), dann die elf kleinen (3,5 mm). Nun werden alle Teile ausgesägt und an den Kanten und den Bohrlöchern gut verschmirgelt.

Zum Bemalen eignen sich Bauernmalerei- oder (dick aufgetragene) Wasserfarben. Feine Details können nach dem Lackieren mit wasserfesten Filzstiften aufgezeichnet werden.

Die Montage: Eine feine Schnur wird durch die kleinen Löcher der Arme und Beine gezogen (siehe Montageskizze) und verknotet. Dann erst werden die Schrauben direkt ins Holz eingedreht. Sie sollen nur so stark angezogen werden, dass sich alle Teile noch gut bewegen. Am unteren Ende der Schnur wird eine Holzkugel befestigt oder einfach eine Schlinge eingeknüpft.

Werkzeug

Vorlage 1:1

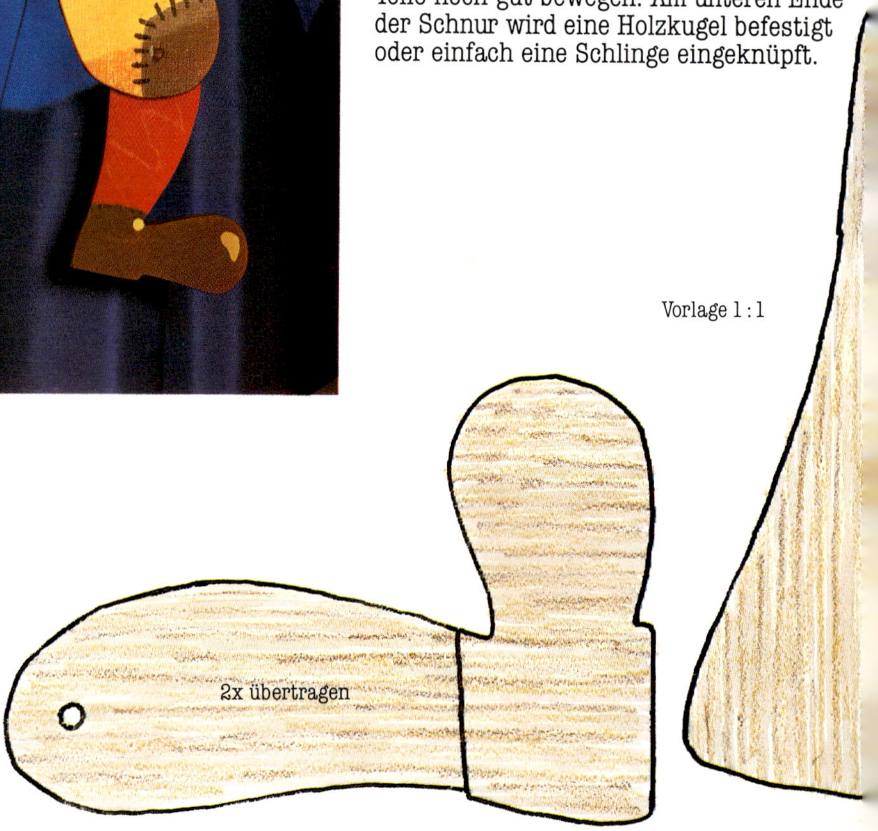

Material:
- 4-mm-Sperrholz 25 x 30 cm
- 6 Maschinenschrauben M4 x 8
- ca. 1 m dünne Schnur
- evtl. 1 Holzkugel mit Loch
- Farbe, Lack

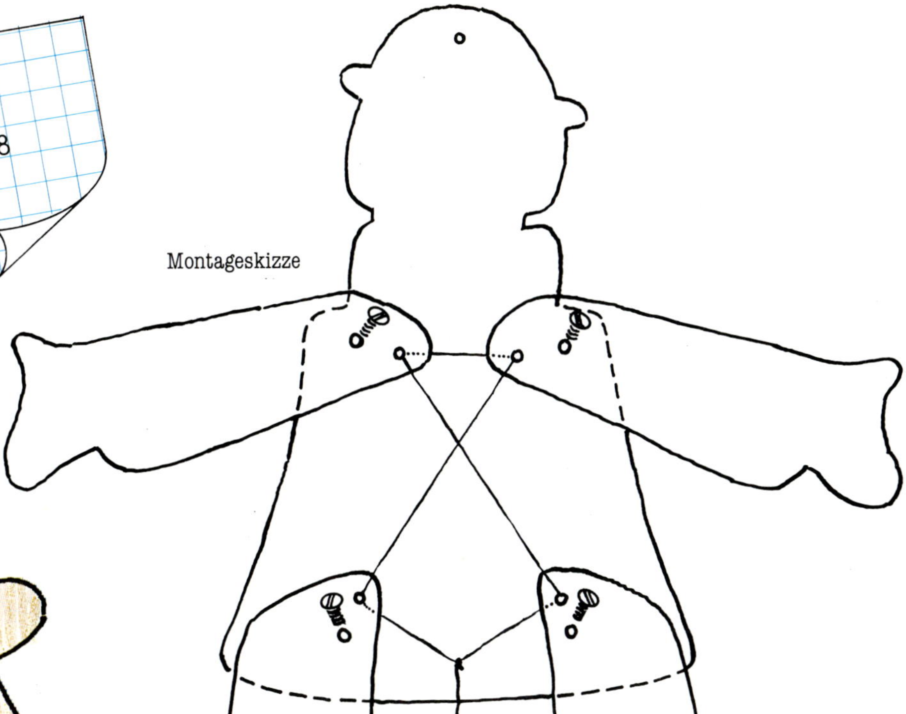

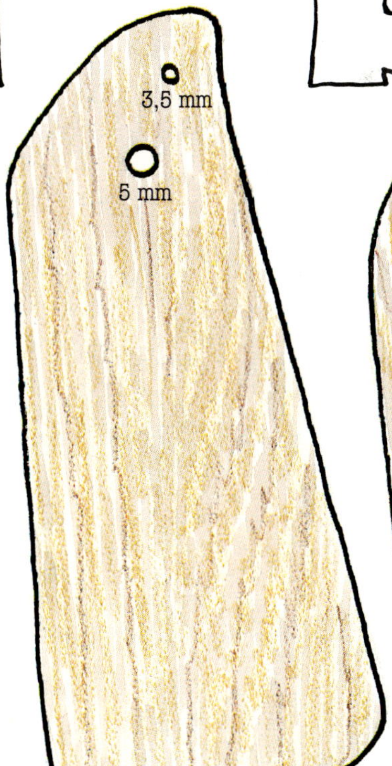

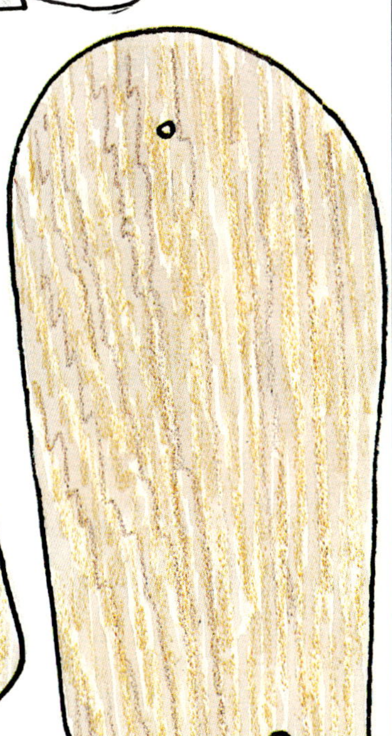

je 2x übertragen

Seiltänzer

Ohne zu kippen fährt dieser Artist mit seinem Einrad auf der Schnur. Die Hände helfen ihm beim Balancieren – und natürlich das Gewicht unter dem Rad.

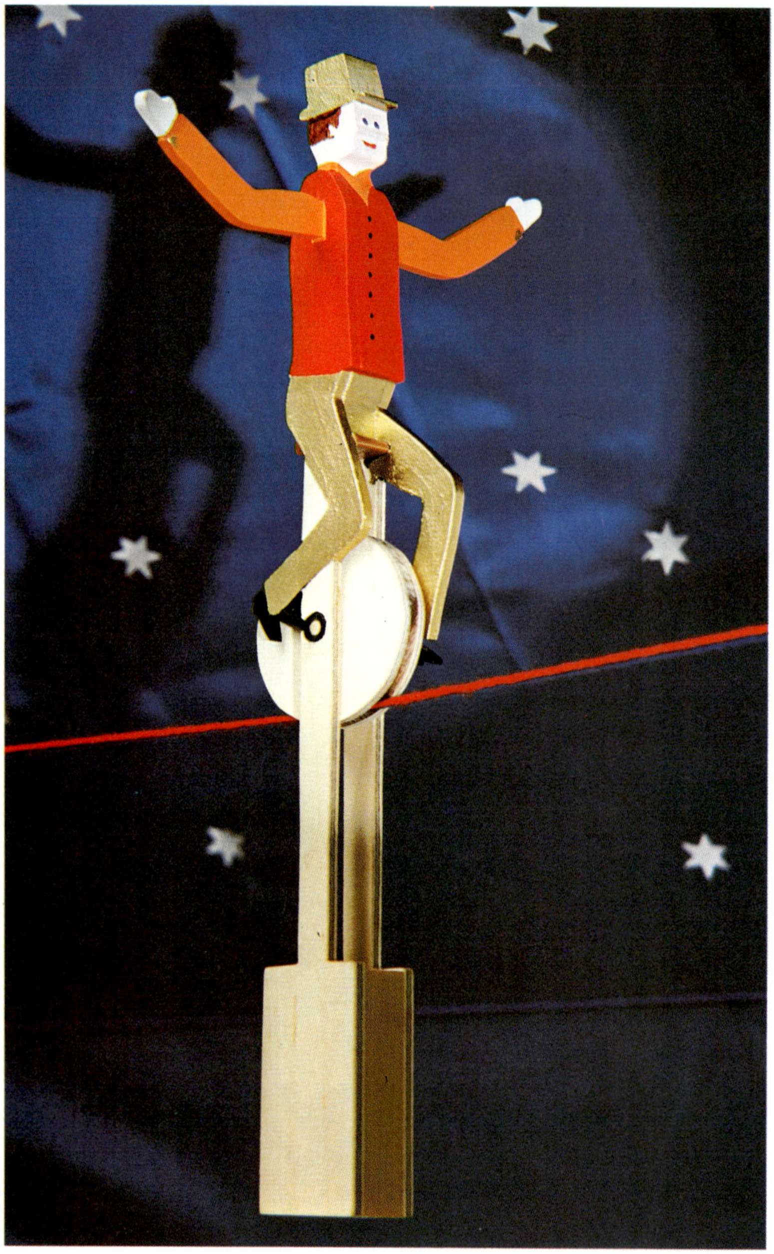

Skizze 1 : 1

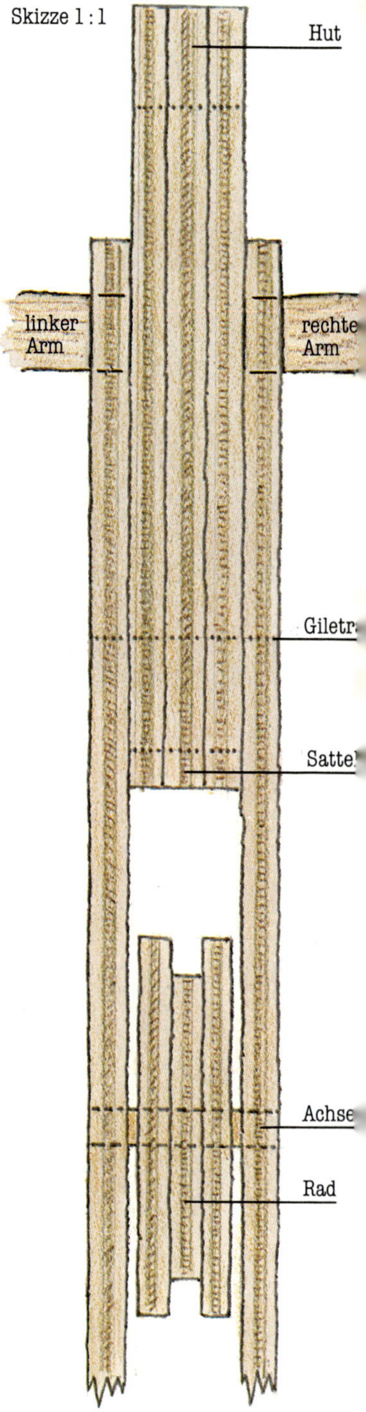

Ansicht von hinten

Werkzeug

Der Seiltänzer demonstriert ein physikalisches Gesetz: Dank dem Gewicht im Behälter liegt sein Schwerpunkt unter der Schnur. So kann er nicht kippen. Ein lehrreicher Artist für gross und klein.

Der Seiltänzer: Aus dem 5-mm-Sperrholz sägt man beide Körperseiten (Vorlagen rechts) je einmal aus. Die Schlitze für die Arme werden gleich jetzt gesägt (vgl. S. 14), und die Bohrung für das Rad wird genau nach Vorlage angebracht. Die Körpermitte sägen wir dreimal aus. Für den Gewichtsbehälter braucht es zwei Streifen zu je 6 x 1,5 cm und einen Streifen zu 2 x 1,5 cm. Sind all diese Teile bereit, werden sie gemäss der Skizze «Ansicht von hinten» verleimt und mit Schraubzwingen (nicht zu stark) gepresst. Die Arme werden wenn nötig mit Schleifpapier eingepasst und verleimt.
Nach dem Trocknen wird der ganze Artist gut verschliffen und bemalt, eventuell lakkiert.

Das Rad: Aus dem 5-mm-Sperrholz werden zwei Räder zu 5 cm ⌀ und ein Rad zu 4 cm ⌀ gesägt, konzentrisch verleimt und mit 5 mm durchbohrt. Das Rad kann lakkiert oder roh belassen werden.

Skizzen 1 : 1

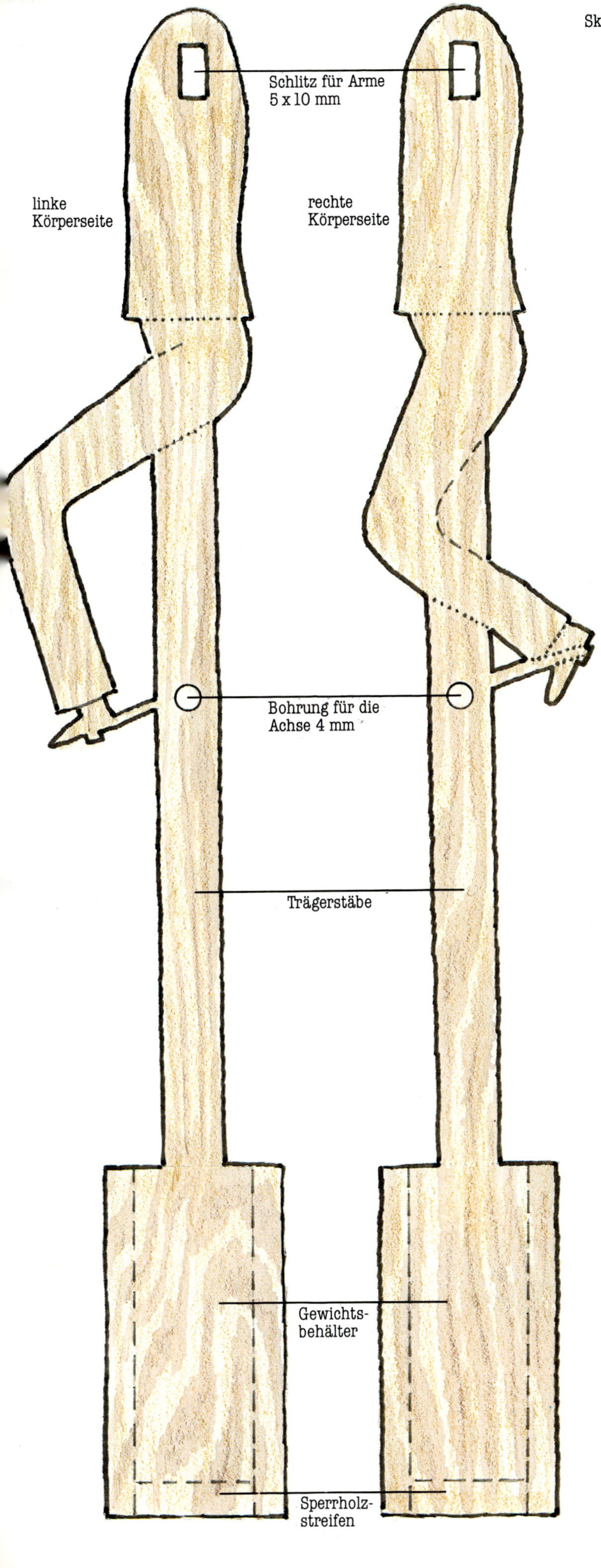

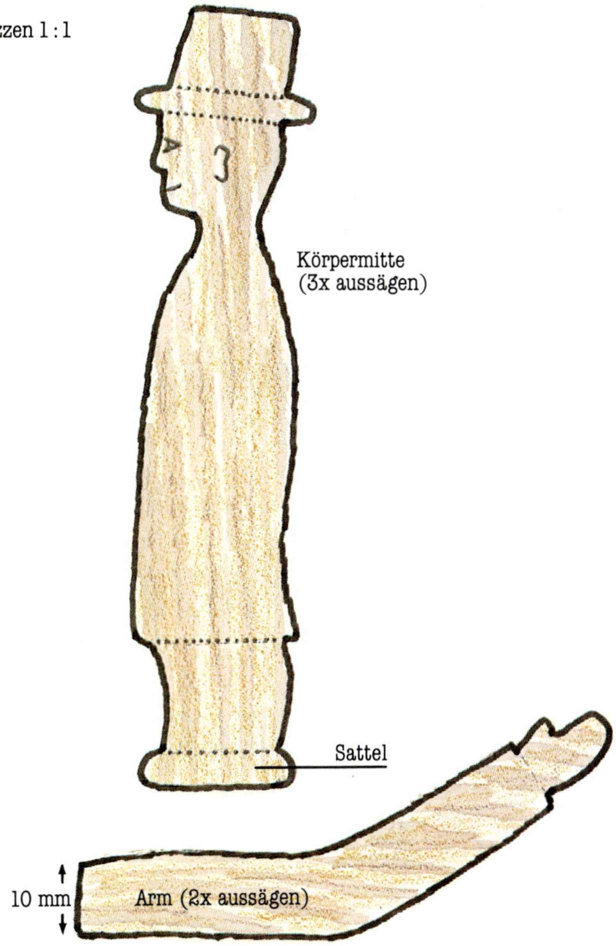

<u>Bereit zur Probefahrt:</u> Das Rad wird zwischen die Trägerstäbe gelegt und die Achse durchgeschoben. Auf beiden Seiten kann ein winziger Leimtupf daraufgegeben und verstrichen werden.

Der Gewichtsbehälter wird mit den Bleikugeln gefüllt. Damit diese später nicht herausfallen, geben wir eine dünne Leimschicht oben drüber. Wird nun unser Artist mit dem Rad auf eine schief gespannte Schnur gestellt, fährt er hinunter, ohne zu kippen. Wetten, dass es stimmt?

<u>Material:</u>
- Sperrholz 5 mm 20 x 30 cm
- Sperrholz 4 mm 6 x 15 cm
- 4-mm-Rundstab, 25 mm lang
- Bleikügelchen
- Schnur, Leim, Farbe, Lack

Seilbahn

Auf und nieder, immer wieder! Ob Büchergestell, Schrank oder Kajütenbett – unsere Seilbahn erklimmt einfach alles!

Funktionstüchtige Modelle von Verkehrsmitteln sind immer besonders interessant. Und unsere Seilbahn lässt sich erst noch mit wenig Aufwand selber bauen!

Die Fahrgastkabine: Ihre Masse betragen für

Boden und Decke	je 8 x 12 cm
beide Wände	je 7 x 12 cm
beide Stirnseiten	je 7 x 7 cm

Auf den Seitenwänden werden Türen und Fenster aufgezeichnet und mit der Laubsäge ausgesägt. Nun werden die Kanten verschliffen. Mit Hilfe einiger Schraubzwingen werden die sechs Teile verleimt. Nach dem Trocknen kann die Kabine an den Kanten nochmals verschliffen, anschliessend gebeizt (oder angemalt) und lackiert werden.

Werkzeug

Die Führungsräder: Für die Kabine, die Berg- und die Talstation braucht man je ein Rad. Damit die Schnur nicht davon abrutschen kann, sägen wir mit der Laubsäge drei Räder mit 4 cm Durchmesser und sechs Räder mit 6 cm Durchmesser. Je ein kleines Rad wird konzentrisch zwischen zwei grosse geleimt, darauf in der Mitte mit 6 mm durchbohrt.

Bergstation: Beide Sperrholzplättchen werden ausgesägt und die Löcher für die Achse gebohrt. Vom Vierkantstab werden 4 cm, vom Rundstab 3 cm abgelängt (in der Gehrungsschneidlade oder mit der Laubsäge). Nun werden das Klötzchen und der Rundstab mit dem einen Sperrholzplättchen verleimt. Das Rad wird eingelegt und das zweite Sperrholzplättchen aufgeleimt. Nun erfolgt die zweite Bohrung für die Schnur zur Befestigung der Station.

Talstation: Zum besseren Halt der Achse werden beide Sperrholzplättchen aufeinandergeleimt, dann durchbohrt und die Achse (3,5 cm lang) eingeleimt. Das Rädchen wird am äusseren Rand durchbohrt (5 mm). In dieses Loch wird die Kurbel (ebenfalls vom Rundstab) eingesetzt. Nun

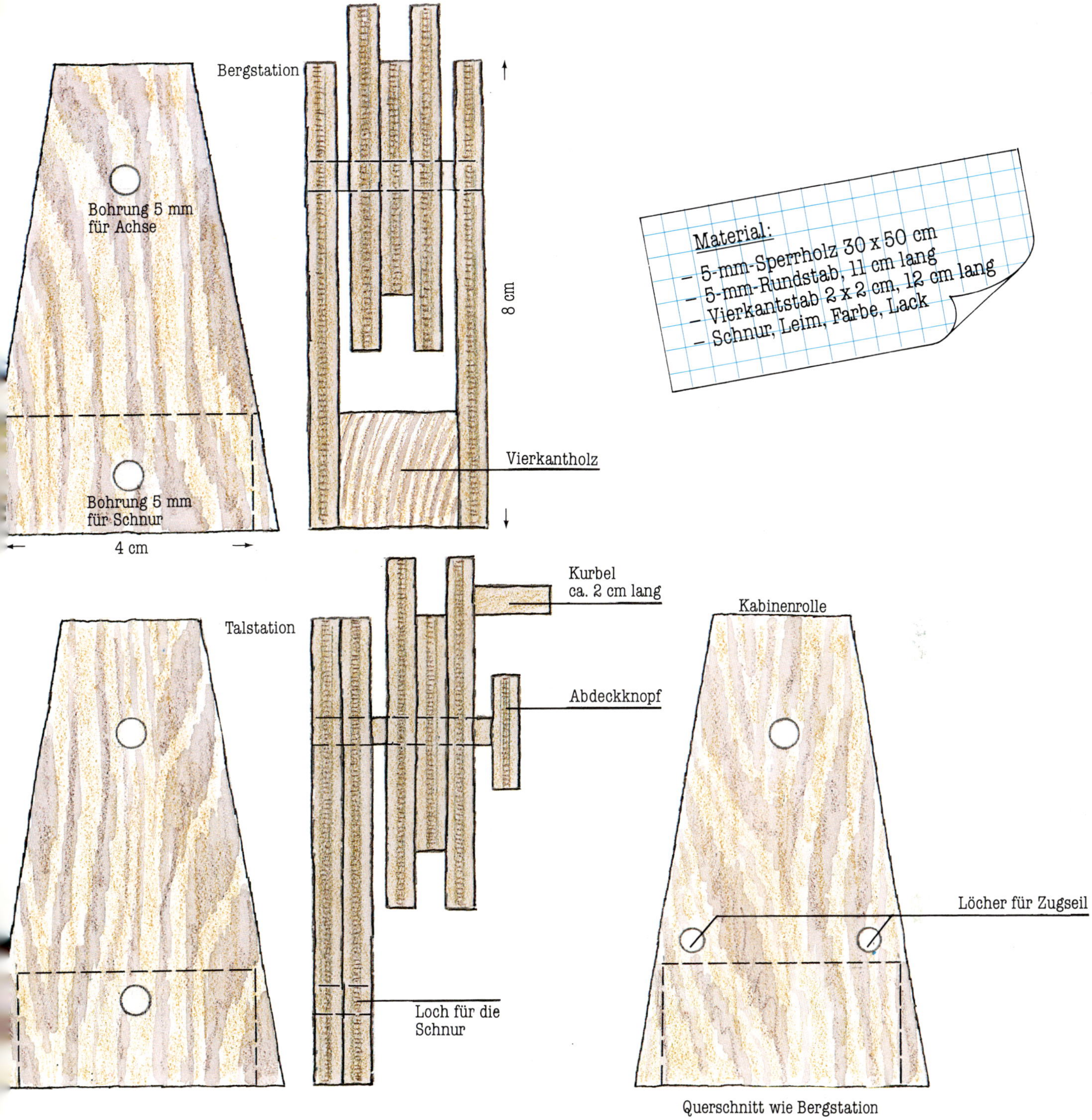

wird das Rädchen auf die Achse gesteckt und der Abdeckknopf (Aussendurchmesser 20 mm, Bohrung 5 mm) aufgeleimt. Zum Schluss wird noch das Loch für die Schnur gebohrt.

Kabinenrolle: Sie ist technisch gleich wie die Bergstation. Die abgeschrägte Form sorgt für etwas mehr Eleganz. Hinzu kommen zwei Löcher für das Zugseil. Zum Schluss wird die Kabinenrolle auf das Dach der Kabine geleimt, fertig!

Die Montage: Berg- und Talstation werden je an einer Schnur an einem (soliden!) Büchergestell oder ähnlich befestigt. Die Schnur wird unter der Kabinenrolle durchgezogen. Das eine Ende wird um das Rad der Berg-, das andere um das der Talstation geführt. Am Schluss wird die Schnur gespannt und beide Enden in den Löchern am Traggestell der Kabinenrolle verknotet. So hat die Schnur unserer Seilbahn zugleich die Funktion von Zug- und Tragseil (siehe Foto).

Kletterding

Wie auch immer das Kletterding von vorne aussieht, hinten sind sie alle gleich. Ihr Geheimnis liegt in der schrägen Bohrung der zwei Löcher ihrer Trägerstäbe.

Was klettert denn da die Wand rauf? – Ein Äffchen, ein Fesselballon oder ein Krabbelkäfer. Egal, was es ist, das Geheimnis ist bei allen dasselbe und steckt hinter dem Kletterding: ein einfacher Vierkantstab. Die Skizze zeigt, wie er präpariert werden muss.

Das Kletterding kann irgendeine beliebige Form haben. Es wird je nach Material mit der Laubsäge oder der Schere ausgeschnitten, geschliffen, bemalt und lackiert.

Der Trägerstab sollte mindestens 6 Zentimeter lang sein. Je länger er ist, desto grössere Sprünge macht das Kletterding. Der Stab wird an beiden Enden (vgl. Skizze) im Winkel von 25–30 Grad durchbohrt. Wer keine Standbohrmaschine mit kippbarem Ständer besitzt, kann sich mit einer entsprechenden Unterlage (kleine Skizze) helfen. Damit sich später die Zugschnüre nicht in den Löchern verfangen, müssen diese sauber verschliffen werden. Dann kleben wir sie auf die Rückseite des Kletterdings.

Der Schaukelstab ist etwa 12 Zentimeter lang. Er wird in der Mitte und an den beiden Enden senkrecht durchbohrt. Durch das mittlere Loch ziehen wir eine kurze Schnur, mit der wir unser Kletterding an einem Fenstergriff, Büchergestell, Nagel an der Wand oder einem Kastenschlüssel aufhängen. Durch die beiden äusseren Löcher werden die Zugschnüre geführt und verknotet. Die beiden anderen Enden führen wir gemäss der grossen Skizze durch die Löcher im Trägerstab. Zwei dicke Knoten oder Holzkugeln am Ende der Schnüre verhindern, dass unser Kletterding «abstürzt».

Los geht's: Durch abwechslungsweises Ziehen an beiden Schnüren klettert das Ding nun ruckweise in die Höhe. Lassen wir die Schnüre wieder locker, saust es runter. Sollte es gegen unseren Willen oben bleiben, braucht es vielleicht ein zusätzliches Gewicht an unserem Kletterding oder glattere (Nylon-)Schnüre. Manchmal hilft auch schon ein Nachschleifen der Löcher im Trägerstab.

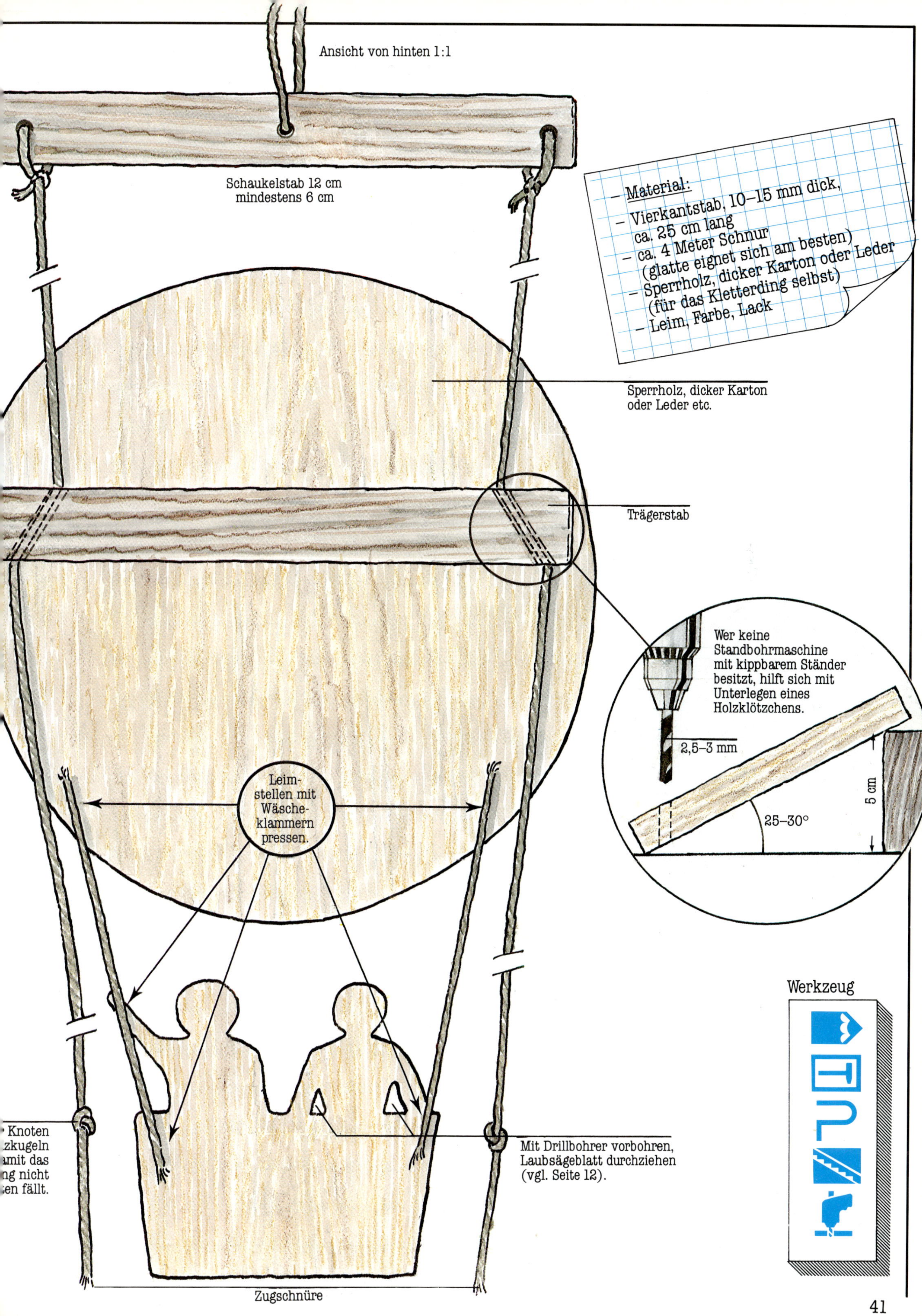
Ansicht von hinten 1:1
Schaukelstab 12 cm
mindestens 6 cm
– Material:
– Vierkantstab, 10–15 mm dick, ca. 25 cm lang
– ca. 4 Meter Schnur (glatte eignet sich am besten)
– Sperrholz, dicker Karton oder Leder (für das Kletterding selbst)
– Leim, Farbe, Lack
Sperrholz, dicker Karton oder Leder etc.
Trägerstab
Wer keine Standbohrmaschine mit kippbarem Ständer besitzt, hilft sich mit Unterlegen eines Holzklötzchens.
2,5–3 mm
5 cm
25–30°
Leimstellen mit Wäscheklammern pressen.
Werkzeug
Knoten
zkugeln
amit das
ng nicht
en fällt.
Mit Drillbohrer vorbohren, Laubsägeblatt durchziehen (vgl. Seite 12).
Zugschnüre

Tischbillard

Dieses Billardspiel für ein bis vier grosse oder kleine Spieler, kann bequem hinter einem Schrank versorgt werden!

Mit der Schleuderscheibe alle sieben Steine ausser dem «Spielverderber» in die Löcher schubsen – das ist das Ziel des Tischbillards. Keine einfache Aufgabe, weil eben auch die Schleuderscheibe nicht in ein Loch geraten darf!

Das Spielbrett: Die Spielfeldeinteilung wird auf der glatten Seite der Holzfaserplatte (Pavatex) aufgezeichnet (Skizze 1). Die Ecken werden mit der Laubsäge weggeschnitten, die übrigen Linien werden mit einem dicken, schwarzen Filzstift nachgezogen.

Die Dübel: Von einem Rundstab sägen wir 8 Stücke zu je 4 cm ab.

Der Rahmen: Zwei Holzleisten werden auf 90 cm, die beiden anderen auf 86 cm abgelängt. Die Eckverbindungen zeigt Skizze 2: Eine lange und eine kürzere Leiste werden mit vier Schraubzwingen an einer Tischecke befestigt, und zwar so, dass die kürzere Leiste stirnseitig an die längere stösst. Gleich dick wie die Dübel werden übereinander zwei Löcher gebohrt, und zwar etwas mehr als 4 cm tief (vgl. S. 12). Aus der Tube geben wir etwas Leim in jedes Loch und schlagen den Dübel vorsichtig mit dem Hammer hinein.
So verfahren wir mit allen vier Ecken. Zum Schluss wird das Spielbrett mit der bemalten Seite nach unten auf den Rahmen gelegt und mit kurzen Nägeln befestigt.

Als Spielsteine können Astflickzapfen von 4 cm Durchmesser verwendet werden. Sie werden geschliffen, gebeizt und lackiert oder bemalt (je 7 gelb und je 7 rot).
Der Spielverderber bekommt eine spezielle Farbe. Bei uns ist er grün.
Anstatt Astflickzapfen zu verwenden, können die Scheiben auch von einem Rundstab abgesägt werden.

Als Schleuderscheibe verwenden wir zwei aufeinandergeleimte Astflickzapfen mit 5 cm Durchmesser. Damit der Zeigefinger gut ansetzen kann, wird die obere Scheibe in der Mitte 10 mm dick angebohrt.

Spielregeln: siehe Seite 61.

Werkzeug

Skizze 1

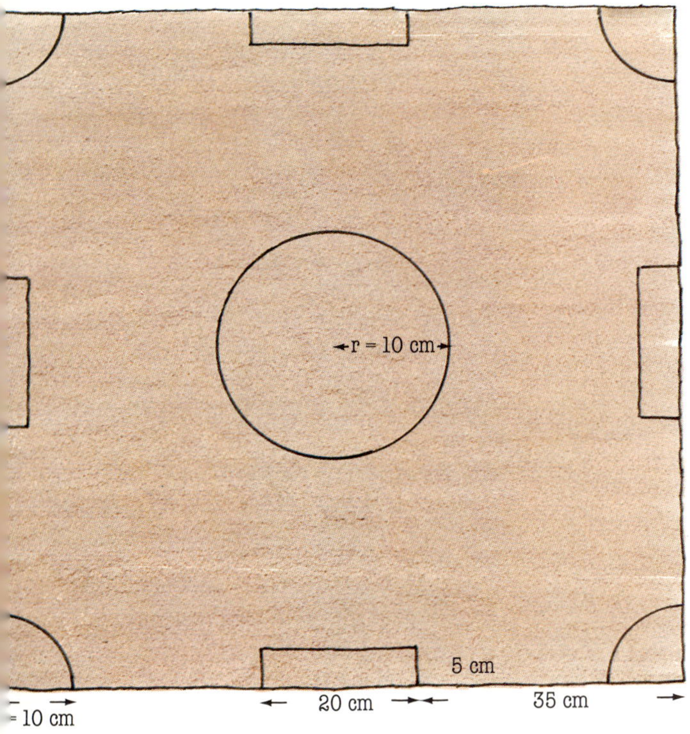

Material:
- 1 dünne Holzfaserplatte (Pavatex), 90 x 90 cm
- 4 Tannenleisten, 2 x 3 x 100 cm
- 15 Astflickzapfen ⌀ 4 cm
- 2 Astflickzapfen ⌀ 5 cm
- ca. 20 Nägel (20 mm)
- Leim, Beize, Lack

Skizze 2

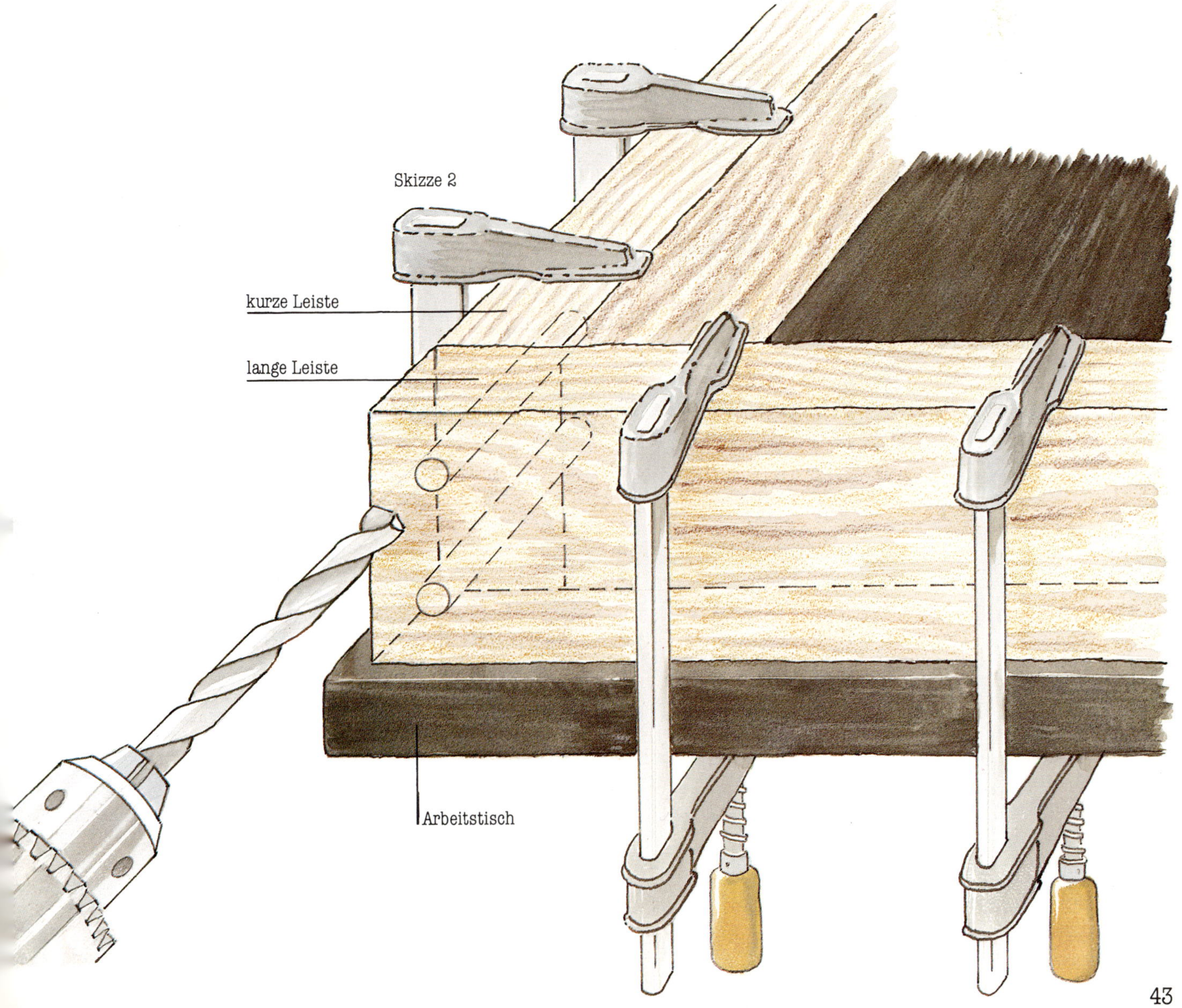

Intarsien

Beim Elefantenbild wurden drei Furniere verwendet. Zu Beginn der Sägearbeit musste das Blättchen durch ein vorgebohrtes Loch (bei den Elefantenfüssen) eingezogen werden.

Furnierte Spanschachteldeckel: Wer exakt laubsägen kann, hat damit keine grossen Probleme.

Intarsia bedeutet Einlegearbeit aus verschiedenen Furnieren (ca. 1 mm dicke Naturholzschichten). Die Furniere können einzeln mit dem Messer zugeschnitten werden. Es gibt aber auch noch eine raffiniertere Methode mit der Laubsäge:

Die Vorlage: Das Wellenmotiv (Foto) eignet sich gut als Anfangsarbeit, weil alle Schnittlinien bis zum Rand des Bildes führen und sich nicht kreuzen. Etwas schwierigere Motive sehen Sie auf der Seite nebenan. Beginnen Sie aber mit etwas Einfachem.

Vorbereitung des Furniers: Es entstehen so viele fertige Bilder, wie Furnierschichten verwendet wurden. Für das Wellenmotiv genügen zwei verschiedenfarbige Furnierstücke, welche mit der Schere auf ca. 14 x 14 cm zugeschnitten werden. Damit später keine Teilchen (die gerne abbrechen) verlorengehen, werden die ganzen Flächen quer zur Faserung mit durchsichtigen Klebstreifen überklebt (Skizze 1). Nun legen wir beide Schichten mit den Klebstreifen nach oben zwischen zwei Kartons und heften das ganze Paket rundherum mit genügend Klebstreifen zusammen. Darauf klebt man das Papier mit dem vorgezeichneten Motiv (Skizze 2).

Aussägen: Wir benutzen das feinste Sägeblatt und führen die Säge absolut senkrecht, sonst passen die Teile im Bild nicht fugenlos zusammen. So holen wir vorsichtig die erste Welle heraus. Beide abgesägten Kartonstücke werfen wir weg, die Furnierteile legen wir beiseite. Die zweite Welle wird abgeschnitten und beide Teile werden farbenverkehrt an die ersten geklebt (Skizze 3). Achtung: Wer alle Teile auf einen Haufen legt, dürfte beim Zusammensetzen arge Schwierigkeiten bekommen!
So arbeiten wir schrittweise weiter. Zwischendrin kann es nötig sein, das Furnierpaket dort wieder zu verkleben, wo abgesägt wurde. Die Teile dürfen nicht verrutschen!

Aufleimen: Es genügt, das Furnierbild mit Weissleim aufzukleben, wenn genügend gepresst wird (vgl. S. 18). Wir brauchen dazu ein Abfallbrett, das nur wenig grösser ist als der Spandeckel. Darauf legen wir ein Haushalt-Pergamentpapier (damit es nicht klebt), dann das Furnierbild (Klebstreifen nach unten). Der Spandeckel

Material:
- Furnierresten (vom Möbelschreiner)
- 1 oder 2 Spanschachteln, ø 12 cm
- Klebstreifen, Leim, Lack

Werkzeug

Skizze 1

Skizze 2

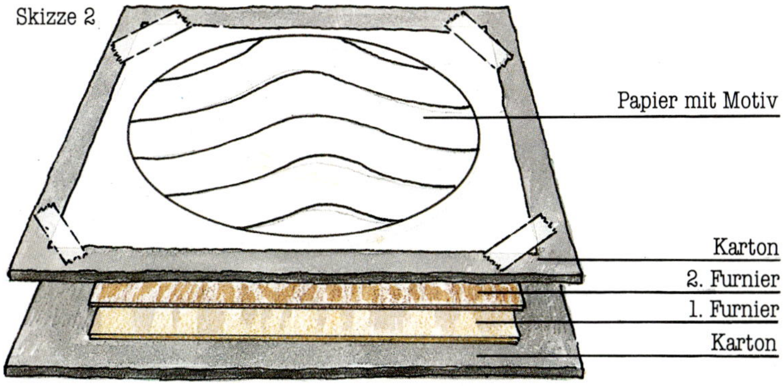

Skizze 3

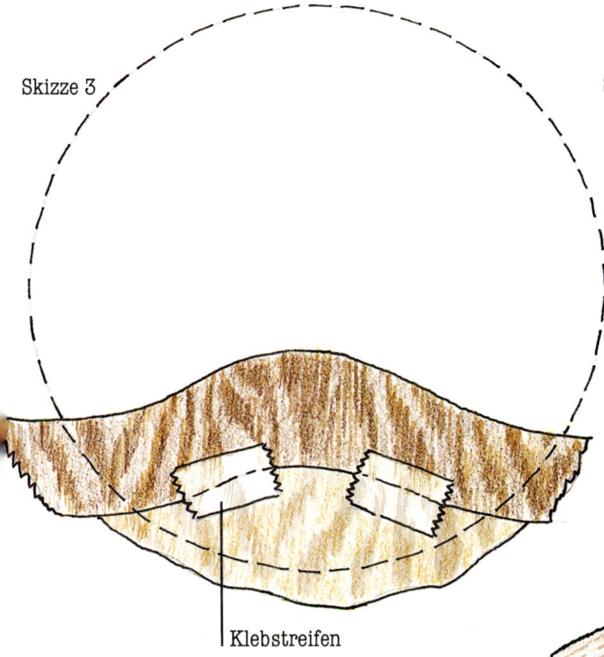

Skizze 4

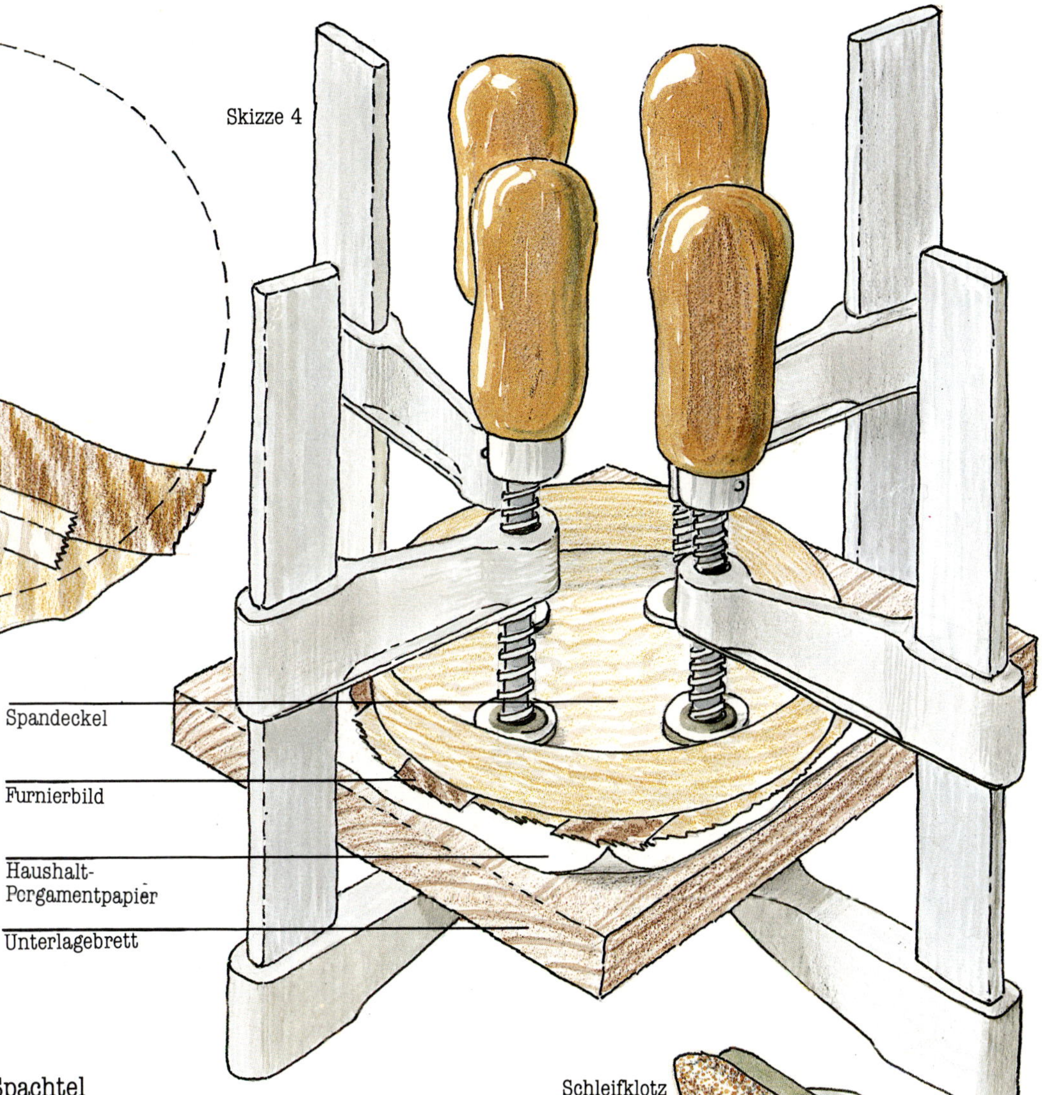

wird mit Leim bestrichen (mit Spachtel oder Pinsel verteilen!) und auf das Furnier gelegt. Gepresst wird mit vier Schraubzwingen (Skizze 4).

Schleifen und lackieren: Nach dem Trocknen wird das vorstehende Furnier vorsichtig mit der Schere abgeschnitten; nachher können die Klebstreifen sorgfältig entfernt werden. Dann werden zuerst die Ränder mit dem Schleifklotz von oben nach unten geschliffen (Skizze 5), nachher wird das Furnier und der Rest der Schachtel mit Feinschleifpapier abgerieben.
Ein Mattlack schützt nicht nur vor Feuchtigkeit, sondern bringt die Farben des Furniers besser zur Geltung.

Skizze 5

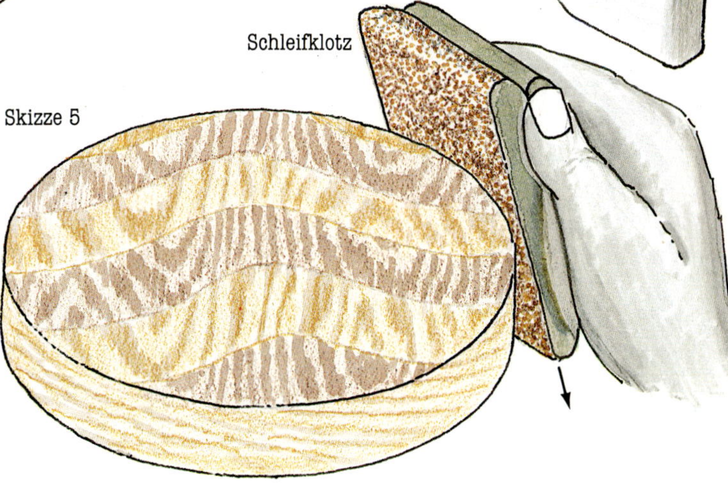

Marionette

Diese Marionette ist so konstruiert, dass auch Kinder sie bauen und führen können. Mit zweien reicht es auch schon für ein kleines Theaterstück.

Unsere Marionette hängt an sechs Fäden und kann den Kopf drehen, die Hände bewegen und (wenn auch etwas puppenhaft) gehen. Aber wer weiss, vielleicht erwacht sie eines Nachts zum Leben wie einst Pinocchio...

Der Körper besteht aus zwei Sperrholzbrettern (Brust und Rücken) im Grundmass 11 x 15 cm (vgl. Skizze 1). Die schmale Taille erlaubt eine bessere Bewegung der Arme, der Halseinschnitt ermöglicht das Drehen des Kopfes. Beide Teile werden durch hochgestellte Leisten (10 x 20 mm) miteinander verbunden.

Die Arme und Beine sägen wir aus dem Rundstab. Die Unterschenkel werden auf die hölzerne Schuhsohle geleimt (siehe Skizze 2). Darauf wird nach dem Trocknen aus Modelliermehl der Schuh geformt. Die Hände modelliert man auf die Unterarme.

Der Kopf kann aus Styropor oder Hartschaumgummi entstehen. Billiger ist es, ihn mit Zeitungen und Kleister um den Stab zu bauen. Auch hier entstehen die endgültigen Formen aus Modelliermasse.

Anmalen und zusammensetzen: Nach der Bemalung von Kopf, Händen und Füssen wird für jede Schraube gemäss Skizze 1 ein Loch vorgebohrt (1½ mm). Jedes Gelenk braucht eine Ring- und eine Hakenschraube. Letztere wird nach dem Einlegen mit der Flachzange zugedrückt. Sollten die Ringschrauben am Kopf schlecht halten, wird vor dem Eindrehen Leim ins Loch gegeben.

Das Führungskreuz (siehe Skizze 3): Der Schulterträger wird mit dem Längsstab verleimt und nach dem Trocknen durchbohrt (5 mm). Der Kopfträger wird ebenfalls durchbohrt (5 mm) und so mit der Maschinenschraube am Längsstab befestigt, dass er beweglich bleibt.
Am vorderen Ende des Längsstabs wird der Dübel eingeleimt. Darauf wird später der Armträger gelegt und kann zum Spielen abgehoben werden.

Die Bekleidung: Die Marionette wird mit Watte leicht gepolstert (leicht anleimen), sodass sie beweglich bleibt. Das Hemd wird über die Füsse angezogen und am Schluss bis zum Hals zusammengenäht. Zuletzt werden die Fäden montiert (siehe Foto). Bei den Schultern müssen sie mit einer Nadel durch das Hemd gezogen werden.

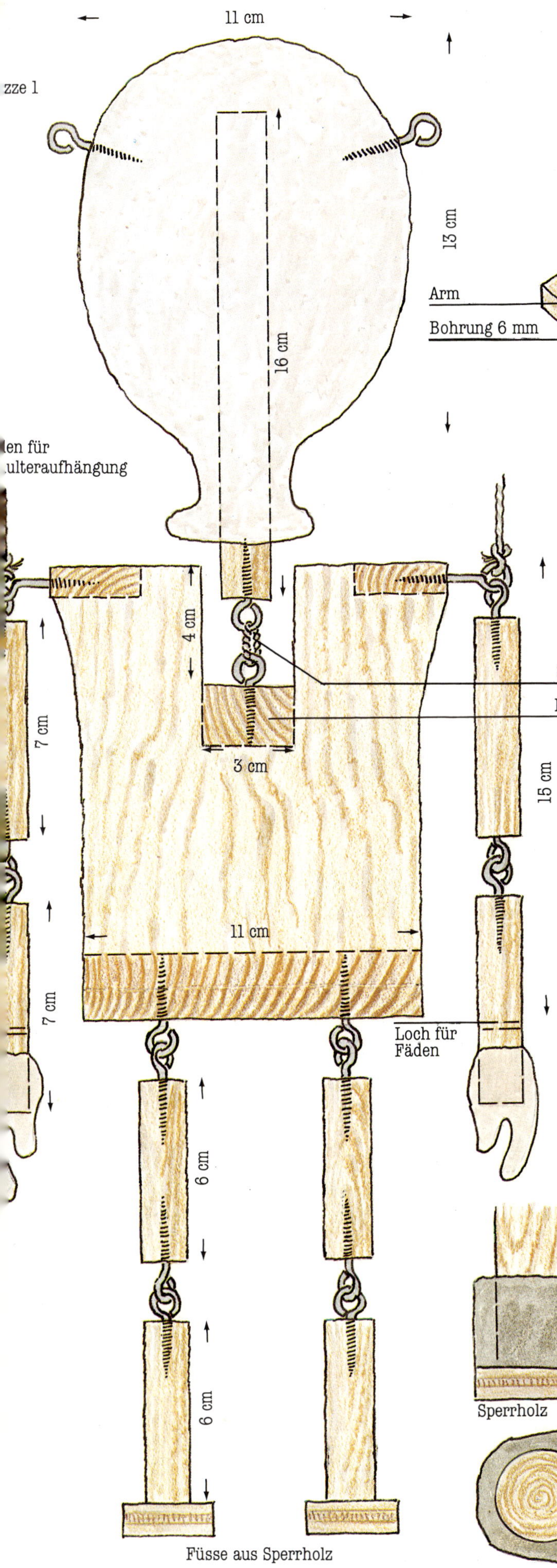

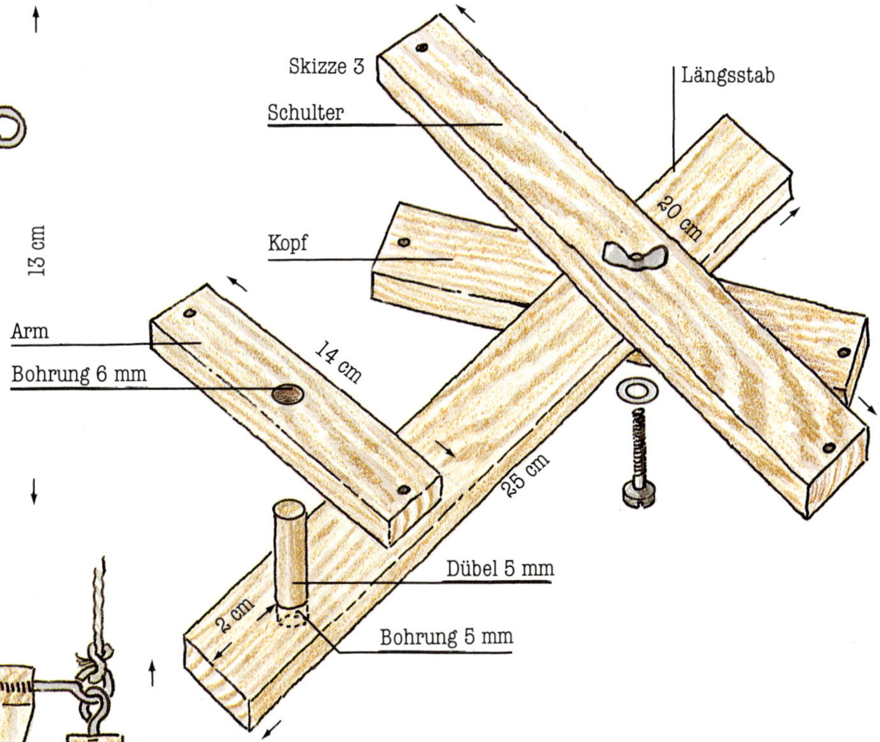

Material:
- Sperrholz 15 x 30 cm
- 1 Rundstab 15 mm (ca. 1 m)
- 1 Rundstab 5 mm (ca. 5 cm)
- 1 Tannenleiste 10 x 20 mm (ca. 1 m)
- 10 Ringschrauben (ca. 20 mm)
- 10 Hakenschrauben (ca. 20 mm)
- 1 Maschinenschraube M4 x 40 mit Flügelmutter
- Modelliermasse (lufttrocknend)
- Leim, Farbe, Stoff, Zwirn

Skizze 2 Fuss 1:1

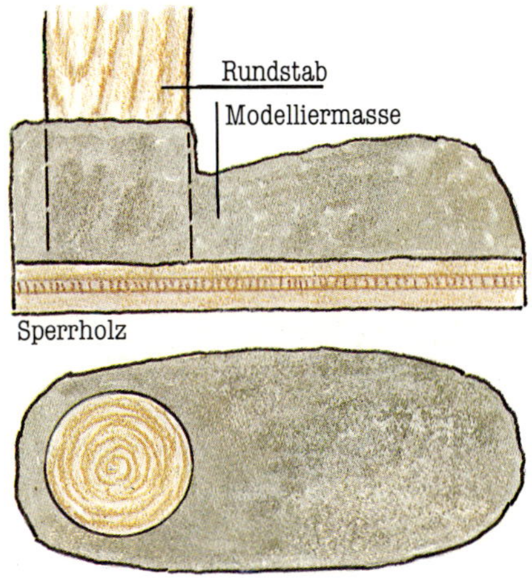

Werkzeug

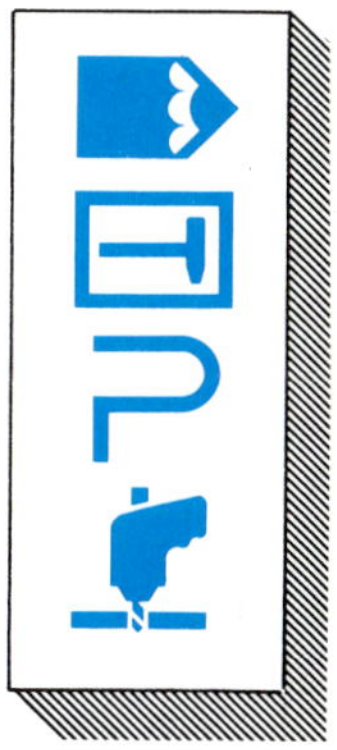

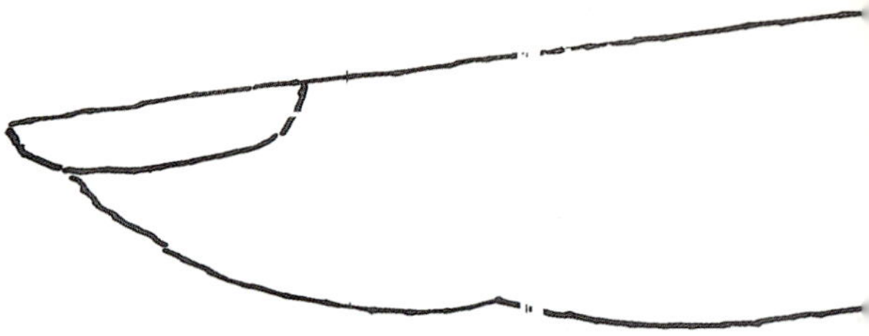

Windrad

Ein Windrad für Autostopper – so wurde unser Prototyp von den Nachbarskindern bezeichnet. Die Hand am hinteren Ende zeigt in die Richtung, aus welcher der Wind gerade bläst!

Dieses Windrad zeigt immer an, woher der Wind kommt und – durch seine Drehgeschwindigkeit – wie stark er bläst. Wer – wie auf dem Bild – Hände drehen lassen will, kann die Vorlagen auf diesen Seiten aufs Holz übertragen.

Propellerkopf: Vom Vierkantstab werden 4 Stücke (Skizze 1) à je 4 Zentimeter abgesägt und zu einem Würfel verleimt (kaltwasserfesten Leim verwenden, vgl. Seite 16). Der Würfel wird mit Schraubzwingen zusammengepresst.
Nach dem Trocknen werden ihm an vier Seiten rundum mit dem Fuchsschwanz diagonale Schlitze eingesägt (grosse Skizze), sodass die Flügel genau hineinpassen (evtl. Schneidlade verwenden).

Werkzeug

Der Drehbalken wird auf 30 Zentimeter abgelängt und an einem Ende ebenfalls mit einem Schlitz versehen (Skizze 2).

Schwanz und Flügel: Die vorgezeichneten (oder andere, selbst erfundene) Formen werden auf das Sperrholz übertragen, ausgesägt und geschliffen. Finger, Hautfaltenlinien und Fingernägel werden durchgepaust. Dann wird alles hellbraun gebeizt oder mit Wasserfarbe dünn bemalt. Die Fingernägel können mit dicker Wasserfarbe oder Kunstharzlackfarbe bemalt werden. Die Linien ziehen wir entweder dick mit Farbstift nach oder mit Filzstift (bei Filzstiften: schnell zeichnen, damit die Farbe auf dem Holz nicht zerfliesst!).

Zusammensetzen: Der Propellerkopf (Skizze 1) wird längs durchbohrt. Anschliessend leimen wir die Flügel ein (Daumen nach vorne!). Sollte ein Flügel zu stark «lottern», wird ein Furnierstreifen mit eingeleimt. Ebenso wird der Schwanz in den Drehbalken eingesetzt. Auf der anderen Seite bohren wir ein Loch vor, damit die Schraube des Propellerkopfes den Stab nicht sprengt. Nun muss der Drehbalken mitsamt Schwanz und Propeller ausbalanciert werden (Skizze 3). Wenn er waagrecht in der «Schwebe» bleibt, befindet sich der Schwerpunkt genau über dem Finger. Und durch diesen Punkt muss das senkrechte Loch für die Schraube gebohrt werden. Vor dem Eindrehen der Schraube wird auch die Trägerstange vorgebohrt. Vor dem Gebrauch im Freien lackieren wir alles mindestens zweimal: Damit unser Windrad auch wirklich Wind und Wetter standhält.

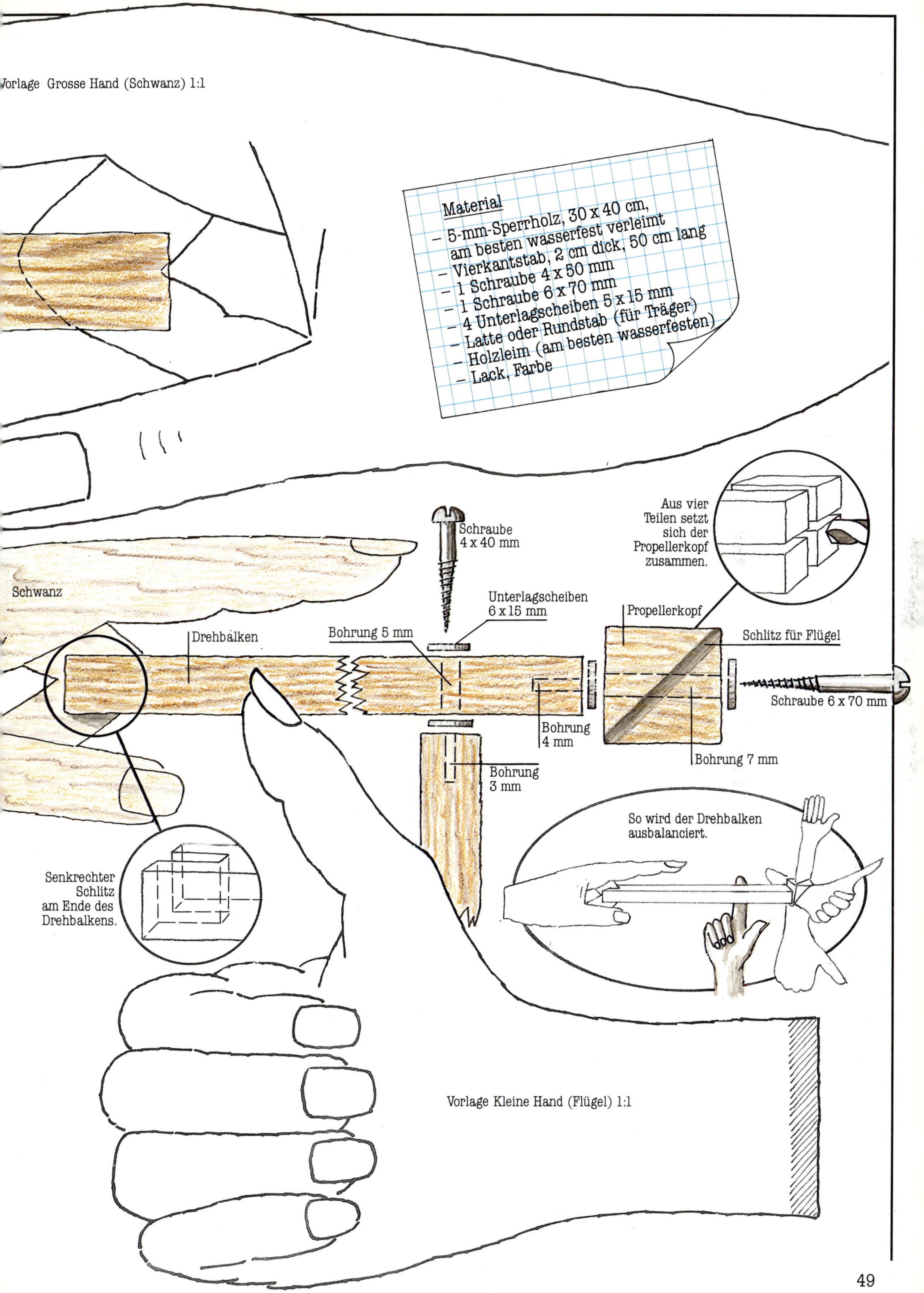
Vorlage Grosse Hand (Schwanz) 1:1
Material
– 5-mm-Sperrholz, 30 x 40 cm, am besten wasserfest verleimt
– Vierkantstab, 2 cm dick, 50 cm lang
– 1 Schraube 4 x 50 mm
– 1 Schraube 6 x 70 mm
– 4 Unterlagscheiben 5 x 15 mm
– Latte oder Rundstab (für Träger)
– Holzleim (am besten wasserfesten)
– Lack, Farbe
Schraube 4 x 40 mm
Aus vier Teilen setzt sich der Propellerkopf zusammen.
Schwanz
Unterlagscheiben 6 x 15 mm
Propellerkopf
Drehbalken
Bohrung 5 mm
Schlitz für Flügel
Schraube 6 x 70 mm
Bohrung 4 mm
Bohrung 7 mm
Bohrung 3 mm
So wird der Drehbalken ausbalanciert.
Senkrechter Schlitz am Ende des Drehbalkens.
Vorlage Kleine Hand (Flügel) 1:1

Holzhacker

Holz hacken mit Wasserantrieb! Das Geheimnis steckt hinter der Scheiterbeige, wo die Dreh- in eine Hubbewegung umgesetzt wird.

Werkzeug

Der Holzhacker zeigt eine Möglichkeit auf, wie der Mensch die Kraft des fliessenden Wassers nutzbar machen kann. Ein sinnvolles Experiment, das kein Kind so schnell vergisst!

Der Holzhacker: Die Vorlage für den Holzhacker wird zusammen mit dem Scheiterhaufen auf das Sperrholz übertragen (siehe S. 6) und an einem Stück ausgesägt. Genau gleich verfährt man mit seinem Arm (mit Beil) und dem Spaltstock (mit Holz darauf).
Alle Kanten werden sauber geschliffen und die Teile bemalt und gut lackiert.

Das Schneckenrad: Zwei Scheiben (Ø 11 cm), eine Scheibe (Ø 10 cm) und die Schnecke (übertragen!) werden ausgesägt, verschliffen und zum Schneckenrad aufeinandergeleimt (Zeichnungsvorlage und Skizze 2). Nach dem Trocknen wird im Drehpunkt 2 ein Loch gebohrt (9 mm).

Der Antriebsstab wird ebenfalls übertragen, ausgesägt und geschliffen. Er wird im Drehpunkt 1 durchbohrt (4 mm, Skizze 1).

Die Montage des Arms: Der Arm des Holzhackers wird im Drehpunkt 1 (Skizze 1) angebohrt. Die Drehachse (Ø 4 mm, Länge 20 mm) wird eingeleimt.
Nun wird der Körper des Holzhackers im Drehpunkt 1 durchbohrt (5 mm). Jetzt können Arm und Antriebsstab verbunden werden (Achtung: erst ganz am Schluss verleimen!).

Die Montage des Schneckenrades:
Der Scheiterhaufen wird auf seiner Hinterseite im Drehpunkt 2 angebohrt (8 mm, Skizze 2). Die Drehachse (Ø 8 mm, Länge

Skizze 1

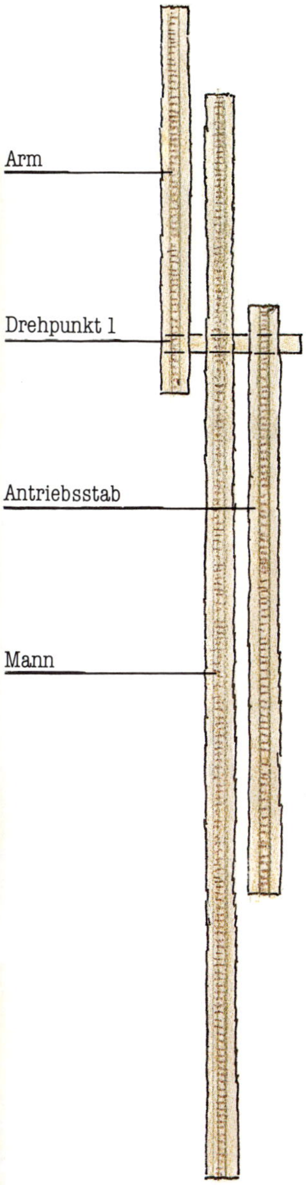

Skizze 2 Querschnitt für Antrieb

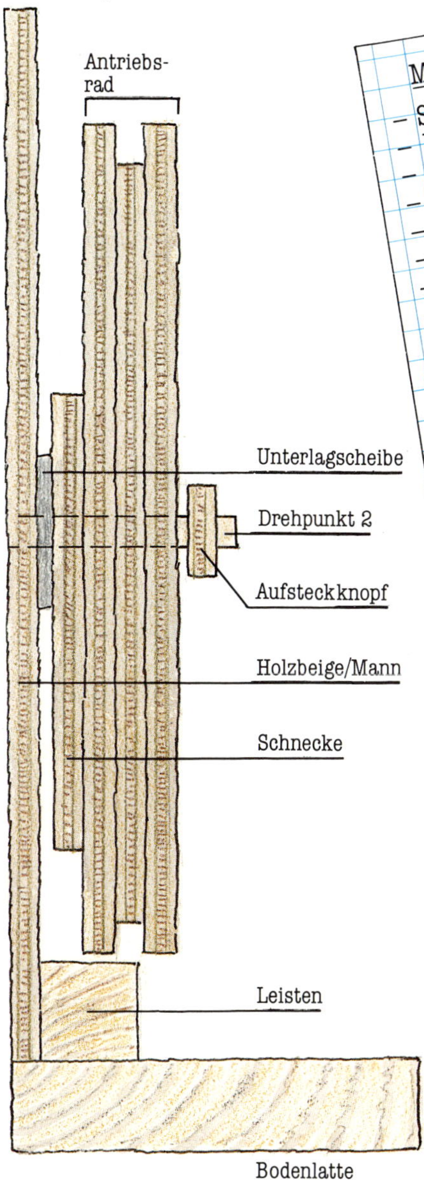

Material:
- Sperrholz 5 mm, ca. 30 x 40 cm
- 1 Tannenleiste 20 x 60 mm, 1 m lang
- 1 Tannenleiste 5 x 30 mm, 60 cm lang
- 1 Tannenleiste ca. 2 x 2 cm (Rest)
- 1 Holzrest (mind. 3 x 3 x 3 cm)
- 1 Rundstab 8 mm, Länge ca. 15 cm
- 1 Rundstab 4 mm, Länge ca. 5 cm
- 4 Senkschrauben 4 x 40 mm
- 8 Rundkopfschrauben 3 x 20 mm
- 1 Unterlagscheibe 10 x 20 mm
- 1 Gummi ca. 60 cm
- Farbe, Lack, Leim (wasserfest)

40 mm) wird eingeleimt. Eine Unterlagscheibe wird über die Achse gelegt, dann das Schneckenrad. Gesichert wird mit einem Aufsteckknopf aus Sperrholz (Skizze 2).

Das Wasserrad (Skizzen 4 und 5): Ein Holzwürfel (3 x 3 x 3 cm) wird zugesägt. Auf seiner Stirnseite wird das kleine Antriebsrad (gemäss Skizze 4 montiert, Aussendurchmesser 50 mm, Innendurchmesser 40 mm) aufgeleimt. Nach dem Trocknen wird die Bohrung für die Drehachse vorgenommen (9 mm). Nun werden die Schaufeln aus einer Tannenleiste oder einem Sperrholz vorbereitet: 40 x 30 x 5 mm und mit je zwei Schrauben befestigt.

Das Traggestell fürs Wasserrad: Die Tannenlatte wird in Stücke zu 50 cm (Boden) und 2 x 25 cm (Stützen) zersägt. Die Löcher für die Wasserradachse werden in die Stützen eingezeichnet und gebohrt (Skizze 4, ⌀ 8 mm). Die Achse (8 x 80 mm) wird in der einen Stütze eingeleimt. Dann werden ein Aufsteckknopf, das Schaufelrad (vgl. Foto) und nochmals ein Aufsteckknopf über die Achse geschoben und diese sodann in die zweite Stütze geleimt.

Die Endmontage: Das Bodenbrett wird zwischen die Stützen des Wasserrades geschraubt. Der Holzhacker wird mit zwei Leisten so auf das Bodenbrett geleimt (Skizze 2 und Zeichnungsvorlage), dass das Gummi-Antriebs-Band, welches gekreuzt montiert wird, sich nicht in den Schaufelrädern verfangen kann. Natürlich wird alles vor dem ersten Versuch im Dorfbrunnen mindestens zweimal gut lackiert.

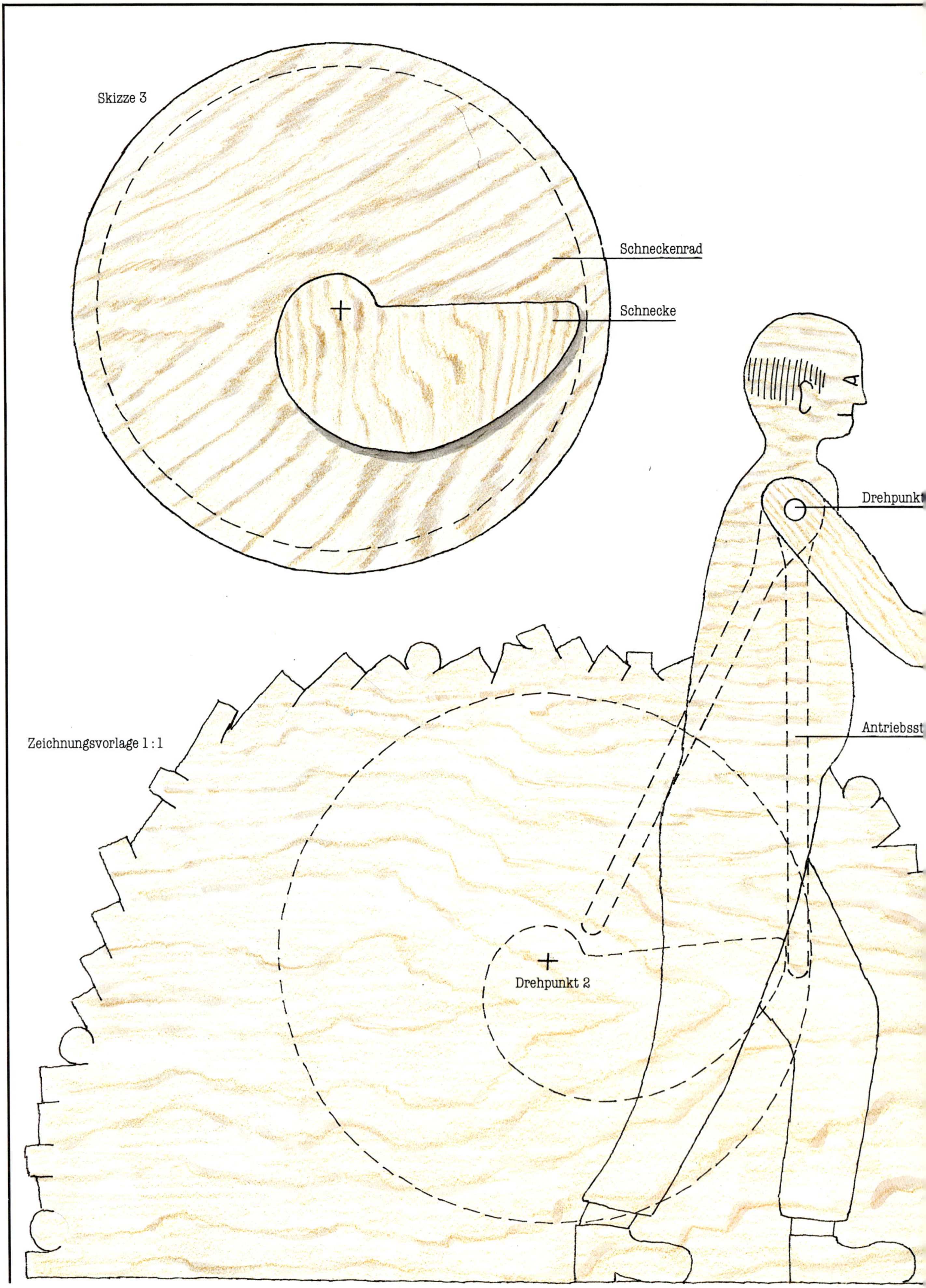
Skizze 3
Schneckenrad
Schnecke
Drehpunkt
Zeichnungsvorlage 1 : 1
Antriebsst
Drehpunkt 2

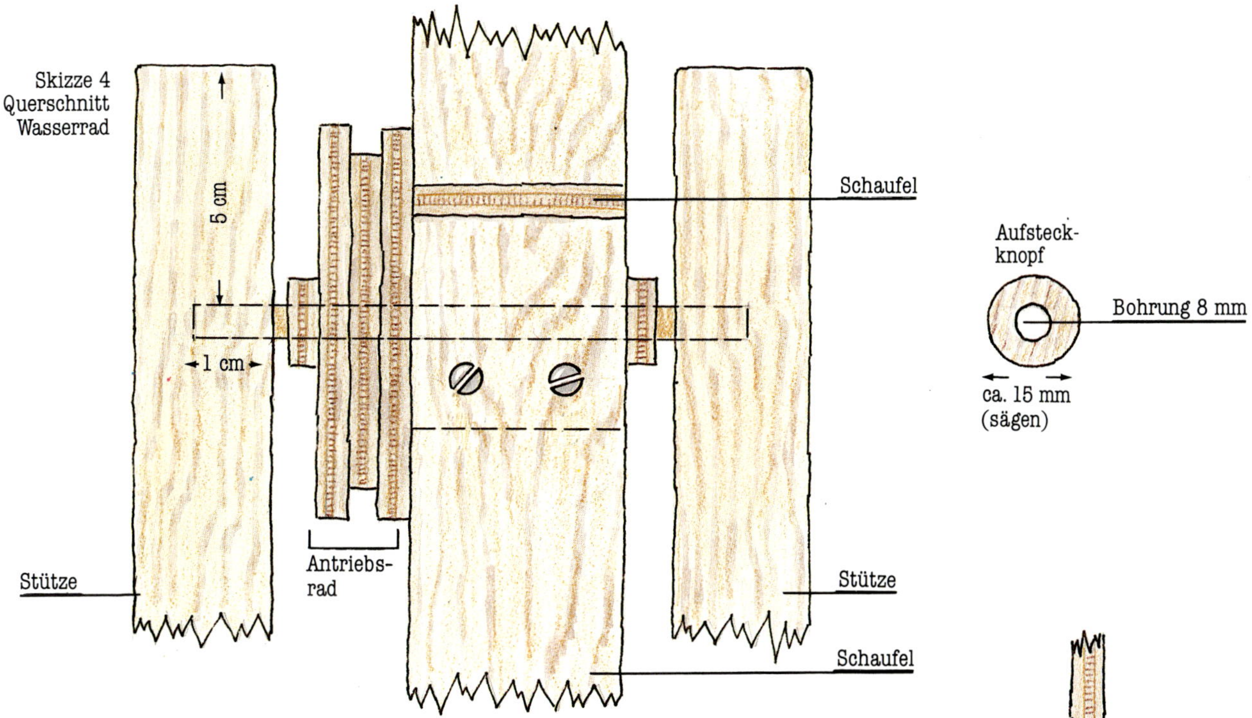
Skizze 4
Querschnitt
Wasserrad
5 cm
1 cm
Schaufel
Aufsteck-
knopf
Bohrung 8 mm
ca. 15 mm
(sägen)
Stütze
Antriebs-
rad
Stütze
Schaufel

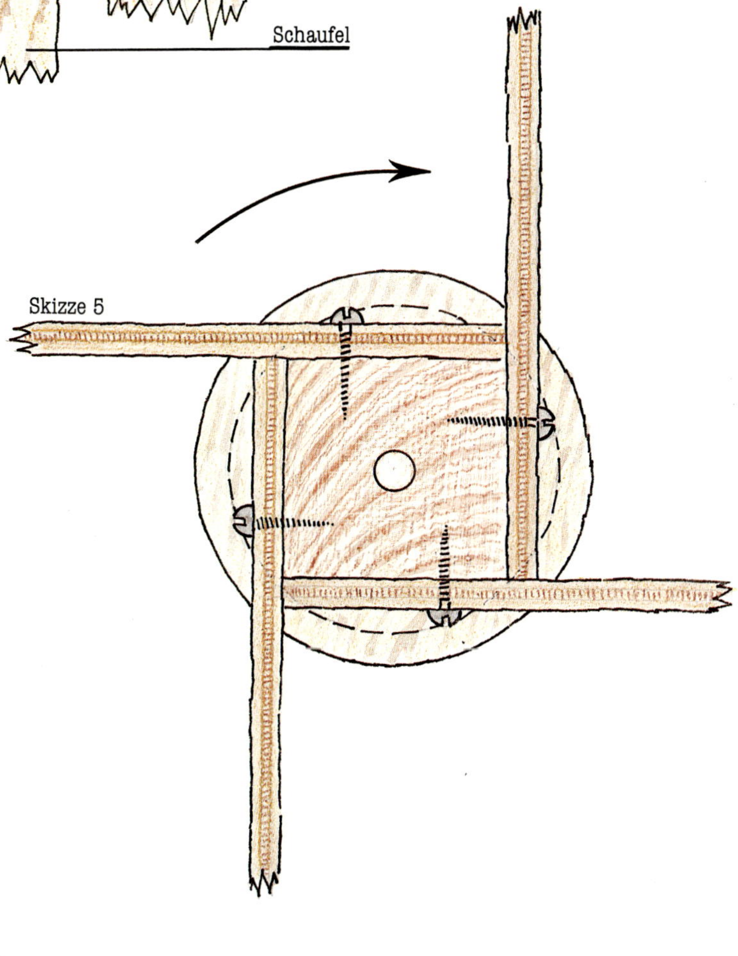
Skizze 5

Seifenkiste

Mit Schwung um die Pfosten! Im Notfall hilft die Fussbremse.

Eine richtige Seifenkiste ist natürlich der Traum eines jeden Kindes – und mit ein wenig Hilfe der Eltern ist er auch zu verwirklichen. Ich stelle Ihnen hier ein Modell mit Kinderwagenrädern vor, welches für eine Körpergrösse bis ca. 130 cm und 30 kg Fahrergewicht geeignet ist.

Material (Holz):

- Tischlerplatten:
  2,2 x 96,7 x 35 cm (Grundbrett)
  1,3 x 100 x 28 cm (2 Seitenbretter)
  1,3 x 43,5 x 32,4 cm (Frontbrett)
  1,3 x 15 x 32,4 cm (Heckbrett)
  1,3 x 20 x 32,4 cm (Sitzbrett)
  1,3 x 28 x 32,4 cm (Rückenlehne)
  1 Reststück als Steuerrad
- Rundstäbe: (∅ 20 mm)
  48 cm als Lenksäule
  38,5 cm als Bremspedal
  60 cm als Bremse
- Tannenleisten:
  2 x 5 x 32,4 cm
  (2 Stück als Lenksäulenhalterung)
  3 x 4 x 15 cm
  (4 Stück für die Bremsen)
- Buchenleiste:
  ca. 2 x 4 x 120 cm (je nach Achsenlänge des Kinderwagens)

Die Achsen (Skizze 1) montieren wir von einem alten Kinderwagengestell ab. Als Befestigung haben wir ihr vier Buchenholzstücke aufgesteckt (Bohrung gleich wie der Achsendurchmesser). Wenn diese Klötzchen mitsamt der Achse auf die Buchenholzleiste geschraubt werden, wird sich dadurch die Metallachse leicht verbiegen und kann so nicht mehr herausrutschen.
Bei der Vorderachse muss allerdings zuerst noch die Schraube (M8 x 80) eingesetzt werden (8 mm vorbohren).

Montage von Kiste und Achsen: Zum Schluss wird die Hinterachse unter die Kiste geschraubt, die Vorderachse wird mit reichlich Unterlagscheiben und zwei Kontermuttern befestigt.
Um zu verhindern, dass die Räder bei Volleinschlag die Kiste berühren, werden unter dem Grundbrett zwei Abfallstücke festgeschraubt, die die Beweglichkeit der Achse entsprechend einschränken.

Werkzeug

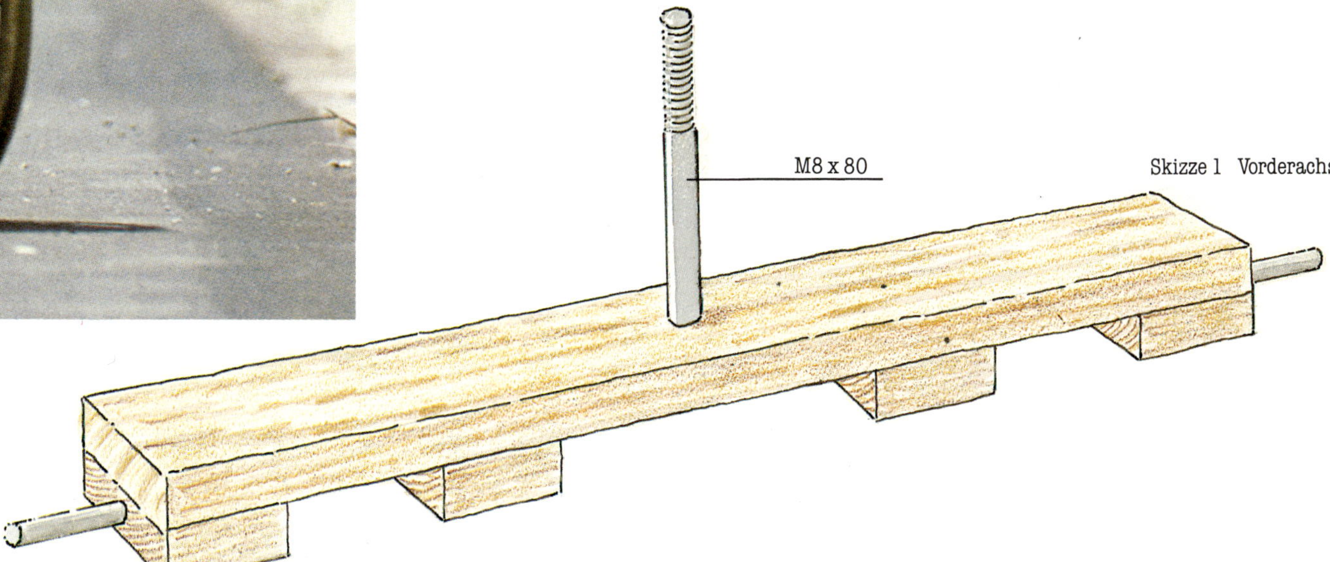

Skizze 1 Vorderachse

Die Kiste: Die Umrisse der Seitenwände werden auf beiden Brettern vorgezeichnet und mit der Stichsäge ausgesägt (Ausschnitte für Bremspedal nicht vergessen, mit Zirkel vorzeichnen!). Anschliessend werden die 10 Löcher für die Schrauben eingezeichnet und gebohrt (4 mm, Schrauben 4 x 40 mm), ebenso die Bohrung für das Bremspedal (6 mm).
Mit dem 20-mm-Forstnerbohrer (vgl. S. 12) wird die obere Lenksäulenhalterung ganz, die untere nur halb durchbohrt.

Das Grundbrett braucht auf jeder Seite vier und am hinteren Rand zwei Bohrungen, dazu vier Bohrungen für die Befestigung der Hinterachse (je 4 mm, Schrauben 4 x 50 mm). Dazu kommen zwei Bohrungen für die Lenkseilzüge (8 mm, siehe Skizze 4, S. 59) und die Bohrung für die Vorderachse (8 mm, siehe ebenfalls Skizze 4). Um ein Ausschlagen des Lochs im Wagenboden zu verhindern, kann auf dessen Ober- und Unterseite je eine kleine Metallplatte aufgeschraubt werden, durch deren Loch in der Mitte die Achsschraube geführt wird.

Jetzt kann die Kiste bereits verschraubt werden, und zwar in der Reihenfolge Grundbrett–rechtes Seitenbrett–Heckbrett–Sitzbrett–Rückenbrett–linkes Seitenbrett–untere Lenksäulenhalterung–obere Lenksäulenhalterung (zum Schrauben ist die Lenksäule provisorisch einzusetzen). Dazu muss natürlich bei jedem Loch auch für das Schraubengewinde vorgebohrt werden (2,5–3 mm).
Nun kann die ganze Kiste verschliffen und bemalt werden.

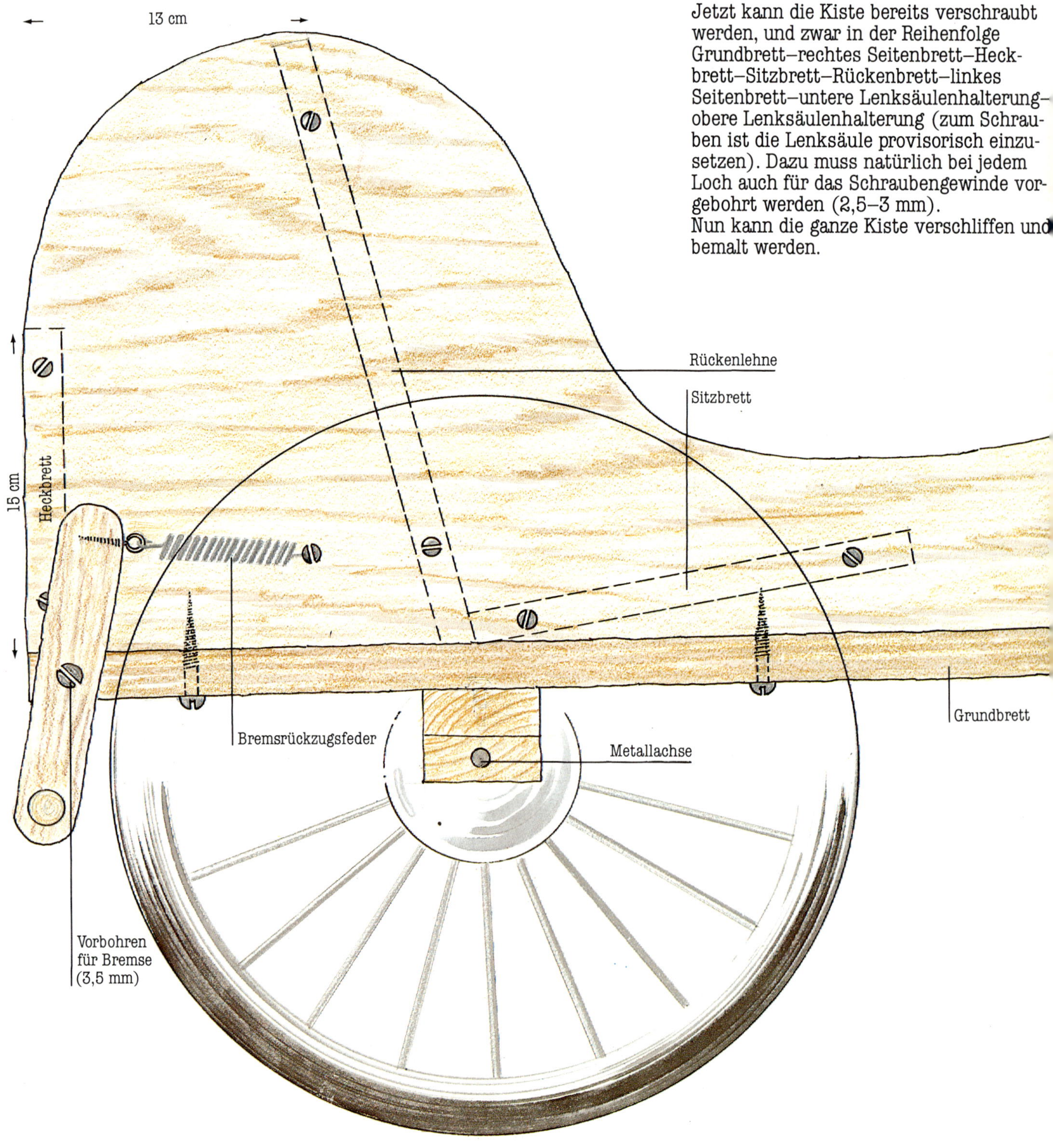

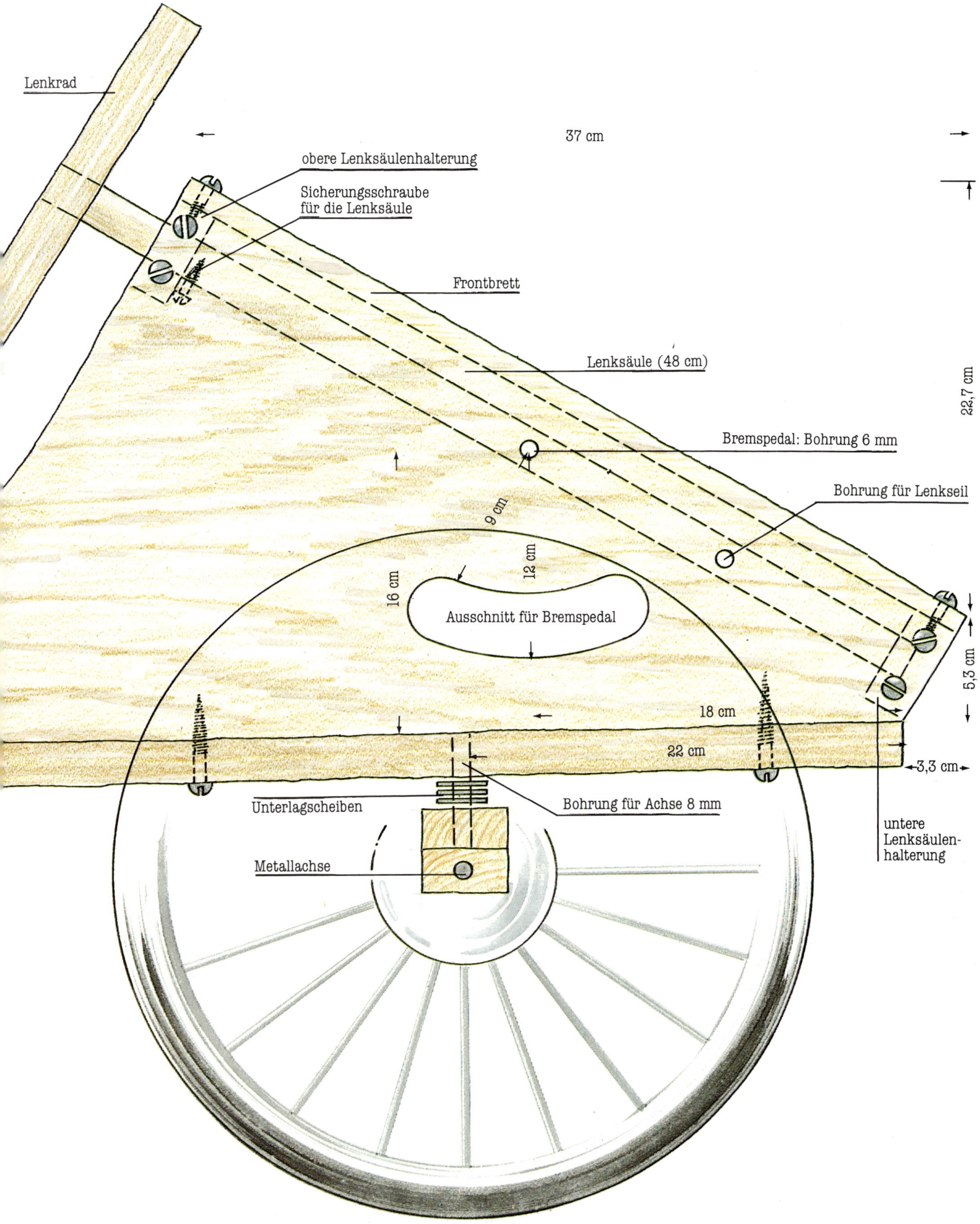
Lenkrad
37 cm
obere Lenksäulenhalterung
Sicherungsschraube für die Lenksäule
Frontbrett
Lenksäule (48 cm)
22,7 cm
Bremspedal: Bohrung 6 mm
Bohrung für Lenkseil
9 cm
12 cm
16 cm
Ausschnitt für Bremspedal
5,3 cm
18 cm
22 cm
3,3 cm
Unterlagscheiben
Bohrung für Achse 8 mm
untere Lenksäulenhalterung
Metallachse

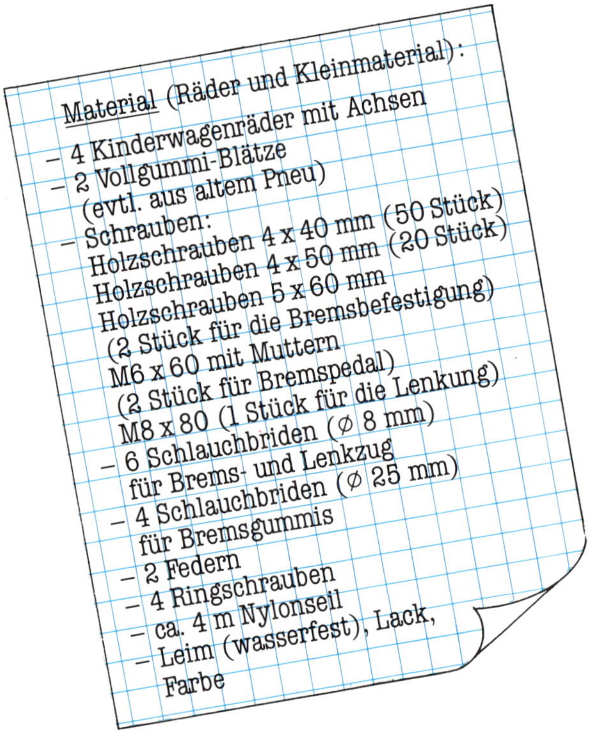

Skizze 3 Bremse

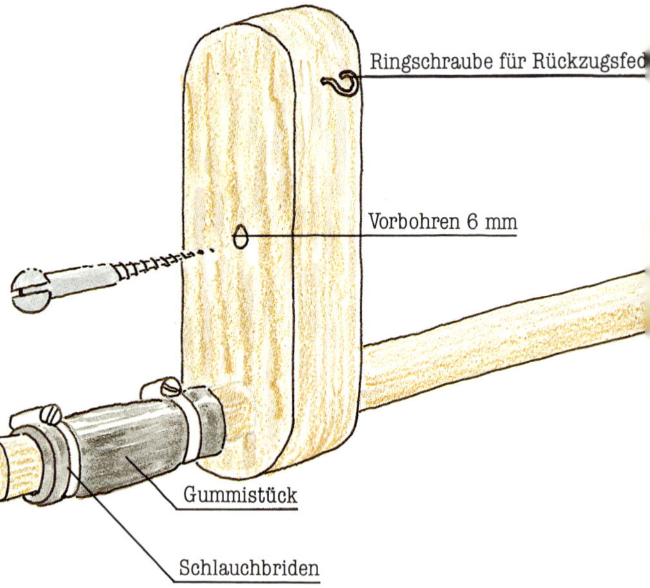

Skizze 2 Bremspedal

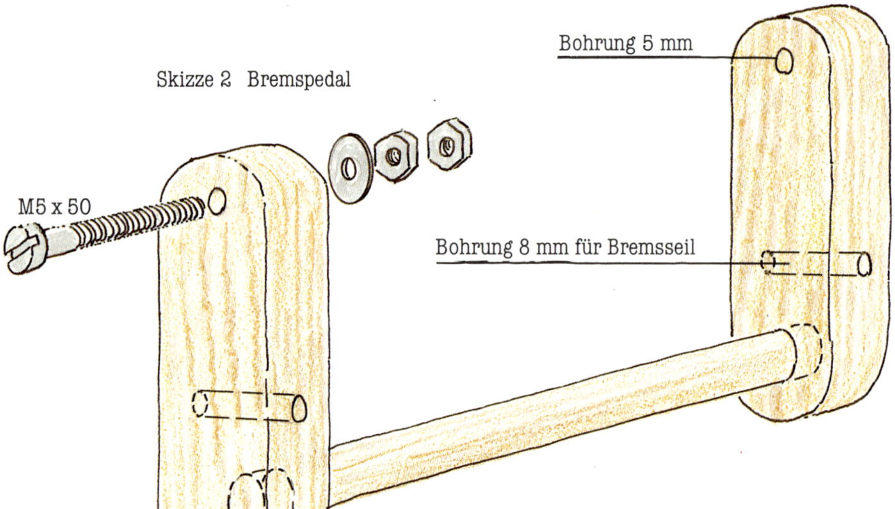

Das Bremspedal wird gemäss Skizze 2 au einem Rundstab (38,5 cm) und zwei Lattenstücken (je 15 cm) zusammengebaut. Diese werden mit dem Forstnerbohrer (20 mm) je 1,5 cm tief eingebohrt. Das Verleimen erfolgt direkt am Wagen. Die Schrauben dürfen nur so stark angezogen werden, dass sich das Bremspedal noch gut bewegt.

Die Bremse entsteht fast auf dieselbe Art, nur werden dort die beiden Leistenstücke ganz durchbohrt und ein Rundstab von 60 cm Länge wird eingesetzt (siehe Skizze 3). Zusätzlich werden auf beiden Seite in Höhe der Räder zwei Vollgummirechtecke mit je zwei Schlauchbriden festgemacht – damit wird die Bremswirkung verstärkt. Am Fahrzeug selbst wird für di Bremsmontage vorgebohrt (3 mm), damit die Bremse eingeschraubt werden kann (Holzschrauben 5 x 60 mm).
Das Bremsseil wird durch die entsprechen den Löcher im Bremspedal geführt und mi Schlauchbriden befestigt. Beim Bremspedal führen wir das Seil direkt um das Rundholz.

Achtung!

An offiziellen Seifenkisten-Derbys darf man mit unseren selbstgebastelten Modellen nicht teilnehmen. Dazu ist die Verwendung eines Originalradsatzes obligatorisch, und weitere Bauvorschriften sind zu beachten! Wer eine noch bessere Seifenkiste bauen oder sich sogar auf ein solches Rennen vorbereiten möchte, erhält alle Informationen über Einzelteile, Bautips, Rennen usw. kostenlos bei

Sekretariat
Schweizer Seifenkisten-Derby
Postfach 138
4852 Rothrist

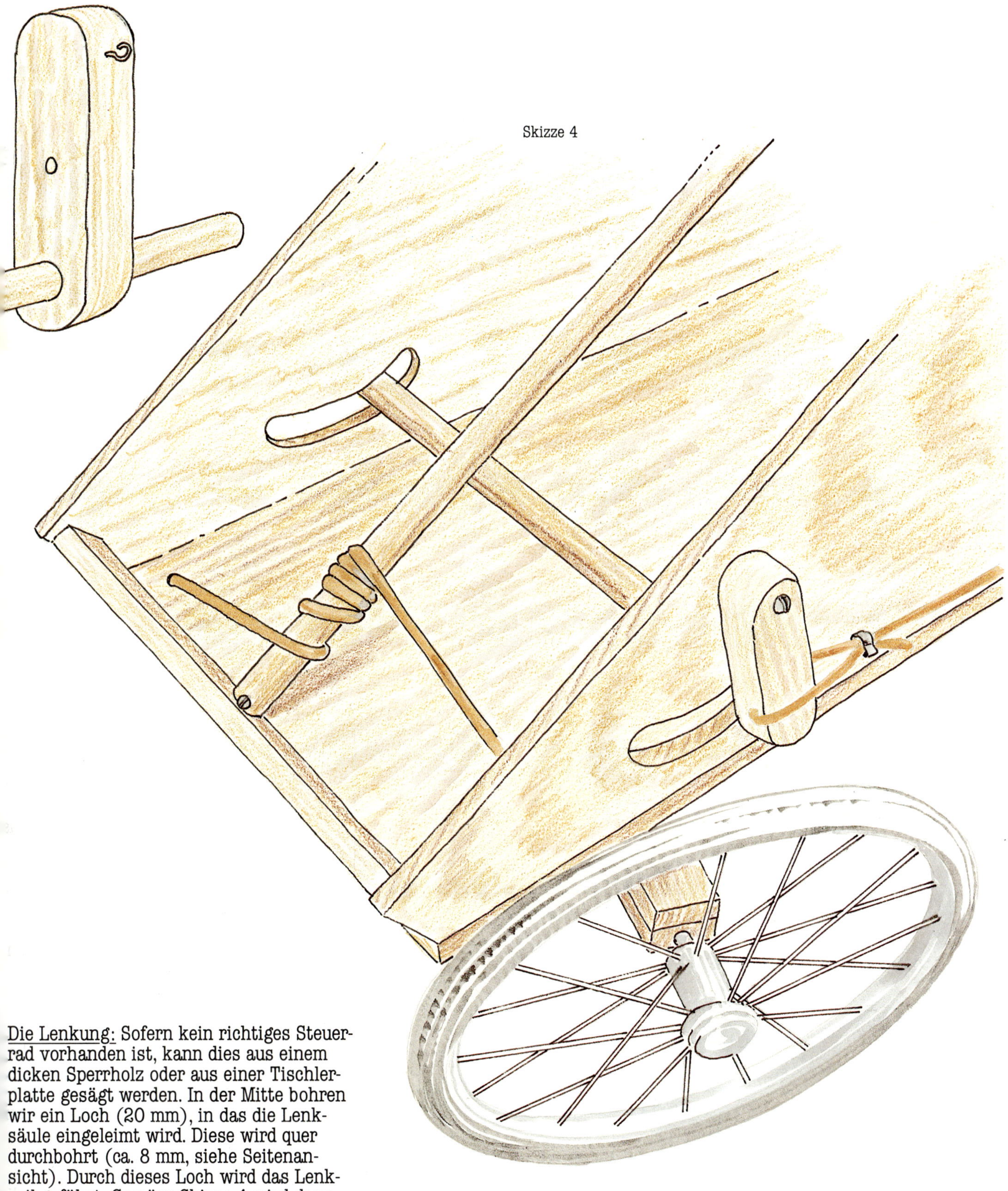

Skizze 4

<u>Die Lenkung:</u> Sofern kein richtiges Steuerrad vorhanden ist, kann dies aus einem dicken Sperrholz oder aus einer Tischlerplatte gesägt werden. In der Mitte bohren wir ein Loch (20 mm), in das die Lenksäule eingeleimt wird. Diese wird quer durchbohrt (ca. 8 mm, siehe Seitenansicht). Durch dieses Loch wird das Lenkseil geführt. Gemäss Skizze 4 wird dann das Seil um die Lenksäule gewickelt und auf jeder Seite durch das Loch im Wagenboden zur Achse geführt, wo es mit je einer Schlauchbride befestigt wird.
Um die Lenkung grösser zu übersetzen, kann die Lenksäule rundherum mit dünnen Leistenstücken beklebt werden, über die dann das Lenkseil gewickelt wird.

So wird der Knobelwürfel zusammengesetzt:

(Zur Anleitung von Seite 24)

Spielanleitungen

Solitär (für eine Person)
Alle Löcher des Spielbretts werden mit je einem Spielstab besetzt. Nur das Loch in der Mitte bleibt frei. Aufgabe des Spielers ist es, durch Überspringen eines Spielstabs den übersprungenen Stab zu schlagen und wegzunehmen, sodass zum Schluss nur noch ein einziger Stab übrigbleibt. Gute Spieler werden darauf schauen, dass dieser am Schluss in der Mitte des Spielfeldes steht. Das Schlagen ist nur auf einer geraden Linie, also nicht diagonal oder übers Eck, erlaubt. – Viel Spass!

Belagerungsspiel (für zwei Personen)
Wir brauchen dazu das Solitär-Brett, auf dem neun Löcher, die «Burg», gemäss Skizze nebenan farbig bezeichnet werden. Darin darf der Verteidiger seine zwei roten Spielstäbe beliebig aufstellen. Der Angreifer steckt die 24 blauen Spieler in alle seine Löcher. Seine Aufgabe ist es, die Festung zu besetzen oder die beiden Verteidiger so einzukreisen, dass sie sich nicht mehr bewegen können.
Die Angreifer dürfen sich gerade oder schräg nach vorne bewegen, nicht aber seitwärts oder rückwärts und immer nur direkt bis zum nächsten Loch. Die Verteidiger dürfen sich in jeder beliebigen Richtung jeweils bis zum nächsten Loch bewegen. Zudem können sie die Angreifer durch Überspringen auf einer geraden Linie (auch diagonal) schlagen und aus dem Spiel nehmen. Dies setzt allerdings voraus, dass das Loch hinter dem zu schlagenden Spieler leer ist für die «Landung» des Angreifers. Wenn möglich, darf er auch beliebig viele Angreifer direkt hintereinander schlagen.
Der Angreifer hat verloren, wenn er weniger als neun Spieler hat und deshalb die Burg nicht mehr besetzen kann. Der Verteidiger hat verloren, wenn seine Festung besetzt ist oder wenn er sich nicht mehr bewegen kann. Als Vereinfachung für den Angreifer kann abgemacht werden, dass einmal in die Festung eingedrungene Angreifer nicht mehr geschlagen werden dürfen.

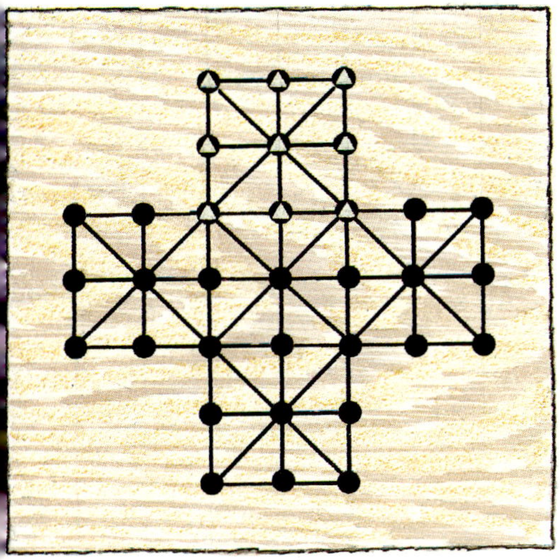

Viel Glück!

Tischbillard
Grundaufstellung: Der Spielverderber belegt den Mittelpunkt, die übrigen Spielsteine werden in abwechselnder Reihenfolge (rot–gelb–rot–gelb) auf den Kreis gelegt.

Ziel des Spiels: Mit der Schleuderscheibe werden die sieben eigenen Steine in die Löcher geschubst. Wer dies erreicht hat, versenkt zum Schluss den Spielverderber und hat gewonnen.
Wer einen eigenen Spielstein versenkt, darf nochmals spielen. Wer den Spielverderber während des Spiels versenkt, hat verloren. Wer die Schleuderscheibe ins Loch schubst, muss zur Strafe einen versenkten Spielstein wieder in den Kreis legen. Wer einen fremden Spielstein versenkt, hat halt dem Gegner geholfen.

Gespielt wird abwechslungsweise (zwei Spieler gegenüber) oder reihum (bei vier Spielern spielen die Gegenüberstehenden zusammen).

Zum Schleudern wird der Zeigefinger in das Loch der Schleuderscheibe gesteckt. Daumen oder Handgelenk müssen dabei den Feldrand berühren. Die Scheibe muss innerhalb der schwarzen Markierung abgegeben werden.

Werkzeug

Laubsäge mit Sägebrettchen (1)
Drillbohrer (2)
Handbohrer (3)
Fuchsschwanz (4)
Stichsäge (5)
Schraubzwinge (6)
Elektrische Stichsäge (7)
Bohrmaschine (8)
Gehrungsschneidlade (9)
Pinsel (10)
Schleifklotz (11)

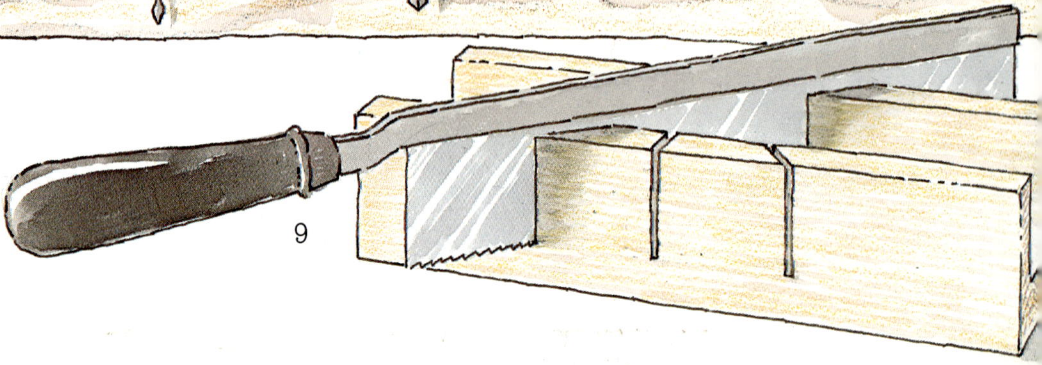